ACTES DE ZA-YOḤANNES DE KEBRĀN

CORPUS

SCRIPTORUM CHRISTIANORUM ORIENTALIUM

EDITUM CONSILIO

UNIVERSITATIS CATHOLICAE AMERICAE

ET UNIVERSITATIS CATHOLICAE LOVANIENSIS

Vol. 332

SCRIPTORES AETHIOPICI

TOMUS 64

ACTES DE
ZA-YOḤANNES DE KEBRĀN

ÉDITÉS

PAR

Madeleine SCHNEIDER

LOUVAIN

Secrétariat du CorpusSCO

Waversebaan, 49

1972

Imprimerie Orientaliste, s.p.r.l., Louvain (Belgique)

D/1972/0602/25

INTRODUCTION

Les textes que nous publions ici se trouvent, dans l'île de Kebrān, dans deux manuscrits ; l'un comprenant les « Actes de Za-Yoḥannes », l'autre la notice relative à la construction de l'actuelle église de Kebrān Gabriel et les miracles de l'archange Gabriel. Ils furent photographiés par R. Schneider à Kebrān. Un concours de circonstances fâcheuses rendit impossible un examen de détail des deux manuscrits et certaines données, dimensions exactes entre autres, font défaut.

Les « Actes de Za-Yoḥannes » sont inclus dans un manuscrit de 41 feuillets. Ce manuscrit mesure environ 25 × 20 cm. Chaque feuillet comprend deux colonnes de 18 lignes chacune. Les rubriques habituelles sont écrites en rouge.

Les « Actes de Za-Yoḥannes » comptent 36 feuillets ainsi répartis : les « Actes » proprement dits (1 r⁰ a-24 r⁰ a), suivis des miracles (24v⁰ a-28 v⁰ b), du *malke'* du saint (29 r⁰ a-35 v⁰ b) et de la liste des supérieurs qui se sont succédés à Kebrān depuis Sayfa Ar'ād jusqu'à Lebna Dengel (35 v⁰ b-36 v⁰ a). Un *malke'* en l'honneur de Gabriel termine le manuscrit.

Les « Actes de Za-Yoḥannes » constituent une copie moderne, maladroite et souvent fautive. Elle comporte d'assez nombreuses corrections dans le texte même. Il est difficile de dater l'époque de la rédaction. Les données historiques précises abondant peu dans le texte, nous pouvons supposer que ce récit a été rédigé longtemps après la mort du saint. Si nous nous en tenons à la liste des rois et supérieurs de Kebrān annexée en fin de texte, la date limite pourrait être l'époque de Lebna Dengel (1508-1540).

La notice relative à la construction de l'actuelle église de Kebrān Gabriel et les miracles de l'archange Gabriel font suite à un *Dersāna Gabriel* (recueil d'homélies en l'honneur de Gabriel).

Ce manuscrit semble remonter au XVIII⁰ siècle. L'écriture en est plus régulière que celle des « Actes de Za-Yoḥannes ». Le texte qui a été étudié est écrit sur 9 feuillets comprenant deux colonnes de 19 lignes chacune.

Conventionnellement — l'ensemble du texte manquant — nous avons numéroté ainsi : construction de l'église (1 r⁰ *a*-1 r⁰ *b*), miracles (2 r⁰ *a*-9 v⁰ *b*).

Ce texte comprend un certain nombre d'amharismes. Les remarques utiles ont été faites en cours d'étude.

* * *

Nos remerciements vont à M. Maxime Rodinson, qui, par ses conseils nous a permis de mener à bien ce travail, et à Ato Gezaw Hayla Māryām — du Service des Antiquités — qui par son excellente connaissance du guèze et des traditions nous a aidé à éclaircir bien des points et enfin à M. le Professeur E. Cerulli qui a bien voulu accueillir l'ouvrage dans le CSCO, et en écrire l'introduction.

Madeleine SCHNEIDER

I

ACTES DE ZA-YOḤANNES

| በስመ ፡ አብ ፡ ወወልድ ፡ ወመንፈስ ፡ ቅዱስ ፡ ፩አምላክ ፤ ንነግረክሙ ፡ |1 r° a አኃዊነ ፤ ፍቁራን ፡ ውሉዳ ፡ ለዛቲ ፡ ቤተ ፡ ክርስቲያን ፡ ገድሎ ፡ ለብፁዓዊ ፡ ቅዱሰ ፡ እግዚአብሔር ፡ አባ ፡ ዘዮሐንስ ፡ ብርሃና ፡ ለሸዋ ፡ ዘይእቲ ፡ መራቤቴ ፡ አሐቲ ፡ እምደወለ ፡ ሸዋ ፡ ዘይትነበብ ፤ አመ፳ወ፩ለሐምሌ ፤ እግዚአብሔር ፡ ያብርህ ፡ አዕይንተ ፡ አልባቢክሙ ፡ ወይትወከፍ ፡ ጸሎተክሙ ፡ በስእለተክሙ ፡ ወመሥዋ[ዕ]ተክሙ ፡ ወአጣነክሙ ፡ ለለዕለቱ ፡ ወለለዓመቱ ፡ ለ|ለወርኁ ፡ ወለለሰዓቱ ፡ ወይረሲ ፡ በዓተክሙ ፡ ወፀዓተክሙ ፡ ቡሩክ ፡ ወይባርክ ፡ |1 r° b ፍሬ ፡ ምድርክ[ሙ ፡]ሠናየ ፡ ወኢይባእ ፡ ውስተ ፡ ሀገርክሙ ፡ ሀክክ ፡ ወደዌ ፡ ዕፁብ ፤ ዘይሰልብ ፡ ልበ ፤ ወኢይምጻእ ፡ ውስተ ፡ ብሔርክሙ ፡ ምንዳቤ ፡ ወሐውክ ፡ ወኢይኩን ፡ ውስተ ፡ ገራህትክሙ ፡ አሚክላ ፡ ወሶክ ፤ ወኢይትበዋህ ፡ ውስተ ፡ ተግባርክሙ ፡ ጸላኢ ፡ ዘእንበለ ፡ ዓርክ ፡ በሰላመ ፡ እግዚአብሔር ፤ አሜን ። ወአሜን ። ለይኩን ፡ ለይኩን ። ወኮነ ፡ በውእቱ ፡ መዋዕል ፡ ብእሲ ፡ | በሐገረ ፡ ሸዋ ፡ ዘይእቲ ፡ መራቤቴ ፡ መኰንን ፡ እቡይ ፡ ወግዙፈ ፡ ልብ ፡ |1 v° a ከመ ፡ ፈርዖን ። ወአልቦቱ ፡ ምግባረ ፡ ሠናይ ፡ ወኢበምንትኒ ፡ ወኢይትሐከያ ፡ ለእኪት ፤ አሐተ ፡ ዕለተ ፡ ወስሙ ፡ ለውእቱ ፡ ብእሲ ፡ ጎዶልያ ፡ ወዓዲ ፤ ሀሎ ፡ በታሕተ ፡ ምኵናኑ ፡ ብእሲ ፡ ቡሩክ ፡ ወፈራሄ ፡ እግዚአብሔር[1] ፡ በኵሉ ፡ ፍኖቱ ፡ ወርቱዕ ፡ ሃይማኖቱ ፡ ወያፈቅር ፡ ጾመ ፡ ወጸሎተ ፡ ወስሙ ፡ ለውእተ ፡ ብእሲ ፡ ዘካርያስ ፡ ወሊቀ ፡ መማክርቲሁ ፡ ውእቱ ፡ በኵሉ ፡ ጊዜ ፡ ለውእቱ ፡ መኵን|ን ፡ ዕቡይ ፡ ወሀለወቶ ፡ ለዘከርያስ ፡ ብእሲት ፡ ወስማ ፡ ሶፍያ ፡ ወይእቲ |1 v° b ሰ ፡ ሠናይት ፡ ጥቀ ፡ በላሕይ ፡ ወስን ፡ በውእቱ ፡ መዋዕል ፡ ወአልቦ ፡ ዘይትማሰላ ፡ በምገስ ። ካዕበኒ ፡ ሀለዋ ፡ ዘየዓቢ ፡ ነገር ፡ እስመ ፡ ትትዌከል ፡ ኵሎ ፡ ጊዜ ፡ በእግዚአብሔር ፤ ወትጸውም ፡ ወትጼሊ ፡ መዓልተ ፡ ወሌሊተ ፡ ወኢታጸርዕ ፡ እምአፉሃ ፡ ዘክሮተ ፡ ስሙ ፡ ለእግዚአብሔር ፡ ይእቲሰ ፡ ኮነት ፡

[1] Ms. ''ዜ''.

ከመ ፡ ሶስና ፡ ወለተ ፡ ኬልቅዩ ፡ ዘአስተዋደይዋ ፡ ረበናት ፡ ኀበ ፡ ኵሎሙ ፡
| 2 rº a እስራኤል ፡ ወኀበ ፡ | ኵሎሙ ፡ አሕዛብ ፡ ወለውእቱ ፡ መኵንን [1] ፡ ነገርዎ ፡
ሰብአ ፡ ዚአሁ ፡ ከመ ፡ ሀለወት ፤ ሶፍያ ፡ ዘይእቲ ፡ ብእሲቱ ፡ ለዘካርያስ ፡
ወሠናይት ፡ ጥቀ ፡ ውእቱሰ ፡ መኰንን ፡ መፍቀሬ ፡ አንስት ፡ ውእቱ ፡ ወሀለ
ውዎ ፡ ለውእቱ ፡ መኰንን ፡ ብዙኃት ፤ አንስትያ ፡ ወዕቁባት ፡ ውስተ ፡ ቤቱ ፡
ዘይከውና [2] ፡ ፺አው ፡ ይበዝኃ ። ወዘንተ ፡ ሶበ ፡ ሰምዓ ፡ ቀነጸ ፡ እላእለ ፡
ዓረቱ ፡ ወበሳኒታ ፡ ለአከ ፡ ኀቤሃ ፡ አግብርቲሁ ፡ ከመ ፡ ይርዓይዋ ፡ ከመ ፡
| 2 rº b እሙን ፡ ውእቱ ፡ ዝንቱ ፡ ነገር ፡ እንዘ ፡ ሀለወ ፡ | ዘካርያስ ፡ ብእሲሃ ፡ ውስተ ፡
ዓቢይ ፡ ተግባር ፡ ወርእይዋ ፤ እሙንቱ ፡ አግብርት ፡ ሐዊሮሙ ፡ በከመ ፡ መ
ሐሮሙ ፡ ውእቱ ፡ መኰንን ፡ ኅዶልያ ፡ ዕቡይ ፡ ውእቶሙኒ ፡ ገቢኦሙ ፡ ነገር
ዎ ፤ ከመ ፡ አልቦ ፡ ሐሰት ፡ ውስተ ፡ አፉሆሙ ፡ ለዘነገርዎ ፡ ወጽድቀ ፡ ቃሎ
ሙ ፡ ወሶበ ፡ ሰምዓ ፡ ዘንተ ፡ ነገረ ፡ እምአፈ ፡ አግብርቲሁ ፡ ለዑካን ፡ ተፈ
ሥሐ ፡ ጥቀ ፡ ወኢበልዓ ፡ ወኢሰትየ ፡ ወኃደረ ፡ ኵላ ፡ ሌሊተ ፡ እንዘ ፡ ይገ
| 2 vº a ዕር ። ወጸበቶ ፡ ምድር ፡ በምልኣ ፡ ወአዘዘ ፡ ይበል ፡ ለፌ ፡ ወለፌ ፡ | ወመ
ከረ ፡ በልቡ ፡ ምንተ ፡ ዘይገብር ፡ በላእለ ፡ ዘካርያስ ። ወይቤ ፡ እፌንዎ ፡ ው
ስተ ፡ ጸብእ ፡ ከመ ፡ ይሙት ፡ በህየ ፡ ወሀለዎ ፡ ለውእቱ ፡ መኰንን ፤ በጽን
ፈ ፡ ምኵናኑ ፡ ብሔር ፡ ዘኢያአምሩ ፡ ጸባሕተ ፡ ወኢዓግባዜ ። እስመ ፡ ሰብአ ፡
ውእቱ ፡ ብሔር ፡ ቈላፋን ፡ እሙንቱ ፡ እምወሰነ ፡ አምሐራ ፡ ውእቶሙኒ ፡ ወ
ጽኑዓን ፡ በኀይል ። ወሶበ ፡ ጸብሐ ፡ ጸውዖ ፡ ለዘካርያስ ፡ ውእቱ ፡ መኰንን ፡ ኅዶልያ ፡
| 2 vº b ዕቡይ ። ወይቤ ፡ ዘካርያስ ፡ በምንት ፡ ግብር ፡ ጸዋዕከኒ ፡ ኦመኰንን ። ወ|ይ
ቤሎ ፡ ውእቱ ፡ መኰንን ፤ በኒጣነ ፡ ነገር ፡ ሐዳጠ ፡ ነገረ ፡ ታምክረኒ ፡ ብሂ
ልየ ፡ ጸዋዕኩከ ። እስመ ፡ ሊቀ ፡ መማክርቲሁ ፡ አንተ ፡ ከመ ፡ ሊተ ፡ ለእሉ ፡
ቈላፋን ፡ ትትበቀሎሙ ፡ ብሂልየ ፡ ወእሙንቱ ፡ አማጽያን ፡ እንዘ [3] ፡ ወሰነ ፡
አምሐራ ፡ ወኵሎሙ ፡ እቡያን ፡ ወጽሉዓን ፡ በኀቤየ ። ወአንተ ፡ ትክል ፡ ጸ
ቢኦቶሙ ፡ ወአልቦ ፡ ዘይክሎሙ ፡ ወዘያአምር [4] ፡ ምክሮሙ ፡ ወኃይሎሙ ።
በእንተ ፡ ዝንቱ ፡ ነገር ፡ ጸዋዕኩከ ። ወዘንተ ፡ ሶበ ፡ ሰምዓ ፡ ብፁዕ ፡ ወቀ
| 3 rº a ዱሰ ፡ እግዚአብሔር ። | ዘካርያስ ። አእመረ ፡ ጽልሑቶ ፡ ለመኰንን ፡ ኅዶ
ልያ ፡ ከመ ፡ በእንተ ፡ ብእሲቱ ፡ ሶፍያ ፡ ኮነ ፡ ዝንቱ ፡ ነገር ። እስመ ፡ እም

[1] *Sic* ms. cf. Dillm. *Lex.* 856. — [2] Ms. ''ኑ ፡ — [3] Ms. አ'' — [4] Ms. ወዘየ''

ቀድመዝ ፡ ነገረቶ ፡ ሶፍያ ፡ ለብእሲሃ ፡ ርእይዋ [1] ፡ አግብርቲሁ ፡ ለመኰንን [2] ፡
ትማልም ፡ እንዘ ፡ ሀሎ ፡ ውስተ ፡ ተግባሩ ፡ ወይቤሎ ፡ ለመኰንን ፡ ኦመኰን
ን ፡ ኦሆ ። ወይቤሎ ፡ ኀዶልያ ፡ አፍጥን ፡ ጊሰመ ፡ ወንሣዕ ፡ ብዙሐ ፡ አፍ
ራሰ ፡ ዘይበዝኁ ፡ እም፳፪ወሐራ ፡ እለ ፡ በእግር ፡ ወኢታተርፍ ፤ እምሰብኦ
ሙ ፡ ወኢእምእንስሳሆሙ ፡ ወአውዕዩ [3] ፡ ቤቶ|ሙ ፡ በእሳት ። ርአዩኬ ፡ ፍቁ | 3 rº b
ራንየ ፡ ከመ ፡ ያፈቅሩ ፡ ጻድቃን ፡ ቢጸሙ ፡ ወይፌጽሙ ፡ ፈቃዶ ፡ ለቢጸሙ ፡
ወይቴሐቱ ፡ ለካልዓን ፡ ወዝንቱሰ ፡ ዘካርያስ ፡ እንዘ ፡ ይትከሀሎ ፡ ትዕቢት ፡
ኢአበዮ ፡ ለመኰንን ። ወፈጸመ ፡ ፈቃዶ ፡ ወሶበ ፡ ጸብሐ ፡ ብሔር ፡ ሖረ ፡
ፍጡነ ፡ በጕጕዓ ። ወመኰንንሰ ፡ አቀደመ ፡ ካልዓ ፡ ገብሮ ፡ ወፈነዎ ፡ እንተ ፡
ካልዕ ፡ ፍኖት ፡ ወወሀቦ ፡ ፈረሰ ፡ ዘይሰርር ፡ ከመ ፡ ንስር ። ወይቤሎ ፡ መጽ
አ ፡ ለክሙ ፡ ብእሲ ፡ በኃይል ፡ ተሀቢሎ ፡ እምኔየ ፡ ከመ ፡ | ይጽባዕክሙ ። | 3 vº a
ወአ[ን]ትሙ ፡ ቀድሙ ፡ ጸቢኦቶ ፡ በፍኖት ፡ ወ[እ]ንዘ ፡ ኢያአምር [4] ፡ ብክሙ ፡
ቀትልዎ ፡ ወኢትበሉ ፡ ድኅረ ። ወዘንተ ፡ ብሂሎ ፡ ፈነዎ ፡ ለቊልዔሁ ፡ ወእግዚአ
ብሔርሰ ፡ ከሐሊ ፡ ላዕለ ፡ ኵሉ ፡ ግብር ፡ ወማዕምር ፡ ዘይፈትን ፡ ልበ ፡ ወ
ኵልያተ ፡ ኢኃደገ ፡ ውስተ ፡ እደ ፡ ጸላኢሁ ፡ ለገብሩ ፡ ዘካርያስ ። እስመ ፡
ሀለዎ ፡ ፍሬ ፡ ቡሩክ ፡ ወዘርዕ ፡ ሠናይ ፡ ዘያድኅን ፡ ኵሎ ፡ ዓለመ ፡ በጽድ
ቀ [5] ፡ ወለውእቱ ፡ ላእክ ፡ እምድኅረ ፡ ተፈነወ ፡ በውስተ ፡ ፍኖት ፡ ሀሎ ፡ ጽ
ኑዕ ፡ ገዳም ፡ | ውስተ ፡ ውእቱ ፡ ገዳም ፡ መጽአ ፡ አንበሳ ፡ እንተ ፡ ድኅሬ | 3 vº b
ሁ ። ወበልዖ ፡ ለውእቱ ፡ ላእክ ፡ እንዘ ፡ <እንዘ ፡> ኢያአምር [6] ፡ ወፈረ
ሱኒ ፡ ሖረ ፡ ኀበ ፡ ዘካርያስ ፡ እንዘ ፡ ይጕድእ ፡ መድረ ። ወእምዝ ፡ እምድ
ኅረ ፡ ሖረ ፡ ዘካርያስ ፡ ኀበ ፡ ጸብእ ፡ በይዕቲ ፡ ዕለት ፡ ለብሰት ፡ ሰቀ ፡ ብ
ፅዕት ፡ ሶፍያ ፡ ወቦአት ፡ ውስተ ፡ ቤተ ፡ ክርስቲያን ፡ ዘሕንፅት ፡ በስመ ፡
ቅዱስ ፡ ገብርኤል ፡ ዘሀሎ ፡ ቀሩበ ፡ እምኔሃ ፡ ወወዓለት ፡ እንዘ ፡ ትጼሊ ፡
ወትቤ ፡ እግዚእየ ፡ ወአምላኪየ ፡ ርኢ ፡ ዘካርያስሃ ፡ ምትየ ፡ ዘንዕስየ ፡ ዘር
ኢኮ ፡ ለኦ|ርዮ ፡ በዘመነ ፡ ዳዊት ፡ ወለናቡቴ ፡ ኢይዝራኤላዊ ፡ ወእሉ ፡ እ | 4 rº a
ሙንቱ ፡ ዘሞቱ ፡ በግፍዕ ፡ ኢትቀትሎ ፡ ዘእንበለ ፡ አመፃሁ ፡ እንበለ ፡ ፈቃ
ድከ ፡ ወአርኢ ፡ ሣህለከ ፡ ወአንተኒ ፡ ኦመልአከ ፡ ብስራት ፡ ከመ ፡አርዓይ

[1] Ms. ''ዋ — [2] *Sic.* cf. p. 2, note 1. — [3] *Sic* ms. — [4] Ms. ኢየ'' — [5] *Sic* ms. — [6] Ms. ኢየ'' :

ክ ፡ ኃይለከ ፡ በላእለ ፡ መንዚራን ፡ ከማሁ ፡ አርኢ ፡ ኃይለከ ፡ እግዚኦ ። ወካልዓኒ ፡ ጸሎታተ ፡ እምድኅረ ፡ ጸለየት ፡ ሶፍያ ፡ አተወት ፡ ቤታ ። ወእምዝ ፡ እምድኅረ ፡ መስየ ፡ ብሔር ፡ ፈነወ ፡ ውእቱ ፡ መኰንን ፡ ፩እምአግብርቲሁ ፡ ወይቤላ ፡ ይጼውዓኪ ፡ መኰንን ። እንዘ ፡ ይብል ፡ ኢትኅድሪ ፡ ውስተ ፡ | 4 r° b ቤ|ትኪ ፡ ባሕቲትኪ ። እስመ ፡ ሚኀጸንትየ ፡ አንቲ ፡ በኵሉ ፡ ይቤለኒ ፡ ምትኪ ። ወእምዝ ፡ ሶበ ፡ ሰምዓት ፡ አንሶጠጠ ፡ ልባ ፡ ወትቤ ፡አንሰ ፡ ኢየሐውር ፡ ውስተ ፡ ካልዕ ፡ ቤት ፡ ወዳግመ ፡ ለዓከ ፡ ወትቤ ፡ ከመ ፡ ቀዳሚ ፤ ወሥልሰ ፡ ለአከ ፡ ካልዓነ ፡ አግብርቲሁ ፡ እንዘ ፡ ይብል ፡ አመጽእዋ [1] ፡ በኃይል ። ወሖሩ ፡ እሙንቱ ፡ አግብርት ፡ ወወሰድዋ ፡ ዘእንበለ ፡ ፈቃዳ ፡ ወውእቱ ፡ መኰንን ፡ ተፈሥሐ ፡ ወአቀረበ ፡ ላቲ ፡ አምኃ ፡ ወይእቲሰ ፡ ትበኪ ፡ ወትጼሊ ፡ | 4 v° a እንዘ ፡ ትብል ። ኦዘአድኃንካ ፡ ለሶስና ፡ እምእደ ፡ ረበናት ፡ | ከማሃ ፡ አድኅነኒ ። ወለእግዚእ ፡ ኃረያ ፡ እምእደ ፡ መተሎሚ ፡ ርኩስ ፡ ወለሣራሂ ፡ እምንጉሠ ፡ ጌራራ ፡ ወለዳንኤል ፡ እምአፈ ፡ አናብስት ፡ ወለ፫ደቂቅ ፡ እምእቶነ ፡ እሳት ፡ ከማሆሙ ፡ አድኅነኒ ። እምዝንቱ ፡ ርኩስ ፡ ወኢትደምረኒ ፡ ወዘንተ ፡ ትቤ ። ወሶበ ፡ ቀርበ ፡ ሰኪቦታ ፡ ውእተ ፡ ጊዜ ፡ አልዓለት ፡ ቃላ ፡ ወትቤ ፡ ኦአምላክ ፡ ገብርኤል ፡ ርድዓኒ ፡ ወአድኅነኒ ፡ እምብእሲ ፡ እኩይ [2] ፡ ወእምሰብእ ፡ አመፂ ፡ ባልሐኒ ፡ ወበጊዜሃ ፡ አድለቅለቀ ፡ ወበርሃ ፡ ውእቱ ፡ መከን ፡ ኀበ ፡ | 4 v° b ሀለወት ፡ ቀድስ|ት ፡ ሶፍያ ፡ ወቀዱስ ፡ ገብርኤል ፡ መጽአ ፡ ኀቤሃ ፡ እንዘ ፡ ይእህዝ ፡ ህለተ ፡ ወበውእቱ ፡ ህለት ፡ ጐድየ ፡ እንገድዓሁ ፡ ለውእቱ ፡ መኰንን ፡ ዕቡይ ፡ ዘስሙ ፡ ጎዶልያ ፡ ወከልሐ ፡ በሕቁ ፡ ሶቤሃ ፡ ወወድቀ ፡ እምላእለ ፡ ዓራቱ ። ወእለ ፡ ሰምዑ ፡ ዘንተ ፡ አንከሩ ፡ ወአስተዓፀቡ ፡ ወአሐዞሙ ፡ ረዓድ ፡ ርእዮኬ ፡ ፍቁራን ፡ ዘከመ ፡ ይረድኦሙ ፡ ለእለ ፡ ያፈቅርዎ ፡ ወይሁቦሙ ፡ ኃይለ ፡ ወጽንዓ ፡ በላእለፀሮሙ ፡ ወእምዝ ፡ በ፰ዕለት ፡ ሞተ ፡ መኮንን ፡ ዕቡይ ፡ አዒዮ ፡ ወበኍቢሆ ። ንግባዕኬ ፡ ኀበ ፡ ዜናሁ ፡ ለዘካርያ | 5 r° a ስ ፡ ወእምዝ ፡ እምድኅረ ፡ | ሖረ ፡ ኀበ ፡ እሉ ፡ ወሰነ ፡ አምሐራ ፡ ዘውእቶሙ ፡ ቈላፋን ፡ ወጋላት ፡ ተቀበልዎ ፡ በፍሥሐ ፤ ወአክበርዎ ፡ ክብረ ፡ ዓቢየ ፡ ወአቀረቡ ፡ ሎቱ ፡ መበልዓ ፤ ወመስቴ ፡ ወውእቱኒ ፡ አፍቀሮሙ ፡ ወገብረ ፡ ሰላመ ፡ ማዕከሌሆሙ ፡ ወነሥአ ፡ አምኃ ፡ ብዙሐ ፡ ወርቀ ፡ ወብሩረ ፡ ወአ

[1] Ms. ''ዋ — [2] *Sic* ms.

ልባሰ ፡ ክቡራተ ። እስመ ፡ እግዚአብሔር ፡ ተናገረ ፡ በአፈ ፡ ዳዊት ፡ ነቢይ ፡
እንዘ ፡ ይብል ፡ ወኢትሁቦ ፡ ለጻድቅከ ፡ ይርዓይ ፡ ሙስና ፡ ወዝንቱሰ ፡ ዘካ
ርያስ ፡ እንዘ ፡ መዋቲ ፡ ኮነ ፡ ሕያወ ፡ ወሕያው ፡ መኮንን ፡ ሞተ ። ወእምዝ ፡
እምድኅ|ረ ፡ ገብረ ፡ ዘካርያስ ፡ ዘንተ ፡ ኵሎ ፡ ተመይጠ ፡ ብሔሮ ፡ በሰላም ፡ | 5 rº b
በ፲ ዕለት ፡ ውእቱሰ ፡ የአክል ፡ እመራቤቴ ፡ እስከ ፡ ወሰነ ፡ አምሐራ ፡ ምሕ
ዋረ ፡ ፴ ዕለት ። ወእግዚአብሔርሰ ፡ በቀጽበት ፡ ገብረ ፡ ሎቱ ፡ እስመ ፡ ሀለ
ዎ [1] ፡ ዘካርያስ ፡ ዘያጸግብ ፡ ኵሎ[ሙ] ፡ ርሁባነ ፡ በመብልዓ ፡ ትምህርቱ ፡ ን
ትመየጥኬ ፡ ኀበ ፡ ዜና ፡ ዘካርያስ ። ወእምዝ ፡ እምድኅረ ፡ በጽሐ ፡ ብሔሮ ፡
ሰምዓ ፡ አውያተ ፡ ወይቤ ፡ ምንት ፡ ውእቱ ፡ አውያት ። ወይቤልዎ ፡ ሰብእ ፡
እስመ ፡ ሞተ ፡ መኩንን ፡ ውእቱ ፡ እምዘ ፡ ተቀብረ ፡ | ዮም ፡ ፩ ዕለት ። ወ | 5 vº a
እምዝ ፡ ሶበ ፡ ሰምአ ፡ ዘካርያስ ፡ ዘንተ ፡ ነገረ ፡ ኃዘነ ፡ ብዙሐ ፡ ወይቤልዎ ፡
ሰብእ ፡ ኢትኅዝን ፡ እስመ ፡ በአመፃሁ ፡ ሞቱ ፡ ውእቱ ። ወዘንተ ፡ ብሂሎሙ ፡
ነገርዎ ፡ እምጥ[ን]ቱ ፡ እስከ ፡ ተፍጻሜቱ ። ወእምዝ ፡ ቦአ ፡ ቤቶ ፡ ወመጽ
አት ፡ ብእሲቱ ፡ ሶፍያ ፡ ወሶበ ፡ ርእየቶ ፡ አንቃዕደወት ፡ አዕይንቲሃ ፡ ውስ
ተ ፡ ሰማይ ። ወትቤ ፡ ጸንአ ፡ ልብየ ፡ በእግዚአብሔር ፡ እስከ ፡ ተፍጻሜቱ ፡
ወዳግመኒ ፡ ትቤ ፡ አሌዕለከ [2] ፡ንጉ ሥየ ፡ ወአምላኪየ ፡ ዘአስተራከብኒ ፡ ምስ
ለ ፡ ምት|የ ፡ ዘካርያስ ። ወዘንተ ፡ ትቤ ፡ በቃል ፡ ሠናይ ፡ ወትበኪ ፡ እምብ | 5 vº b
ዝኃ ፡ ፍሥሐ ፤ ወእምድኅረ ፡ ዝንቱ ፡ መከሩ ፡ ሰብአ ፡ ሐገር ፡ ወረሰይዎ ፡ እ
ግዚአ ፡ ወመኩንነ ፡ ለዘካርያስ ፡ በምልኦሙ ፡ ውእቱኒ ፡ ኵነኖሙ ፡ በሠናይ ፡
ኵነኔ ፡ ወበሰላም ፤ ወኮንዎ ፡ ከመ ፡ አግብርት ፡ ወውእቱኒ ፡ ከመ ፡ ኄር ፡ ኖ
ላዊ ፡ ለሰብአ ፡ ሸዋ ፤ እስከ ፡ ወሰነ ፡ አምሐራ ፡ ወዘካርያስሰ ፡ ወብእሲቱ ፡
ኢያንተጉ ፡ ገቢረ ፡ ሠናይ ፡ በውኂበ ፡ ምጽዋት ፡ ከመ ፡የሀቦሙ ፡ ውሉደ ፡
ወይከፍሉ ፡ እምንዋዮሙ ፡ ወይሁቡ ፡ አስራተ ፡ ለእግ|ዚአብሔር ፡ ወለኵሎሙ ፡ | 6 rº a
ነዳያን ፡ ወለርሁባን ፡ ያበልዑ ፡ ወለጽሙዓን ፡ ያስተይዎሙ ፡ ወዘንተ ፡ ኵሎ ፡
አሚረ ፡ ይገብሩ ፡ በሑረቶሙ ፡ ወበግብዓቶሙ ። ወአሐተ ፡ ዕለተ ፡ ቦኡ ፡ ው
ስተ ፡ ቤተ ፡ ክርስቲያን ፡ ዘእግዝእትነ ፡ ማርያም ፡ ዘቀርብት ፡ እምኔሆሙ ፡
ወሰገዱ ፡ ቀድመ ፡ ሥዕላ ፡ ዘካርያስ ፡ ወብእሲቱ ፡ ሶፍያ ። ወይቤሉ ፡ በት

[1] *Sic* ms. — [2] Ms. ″ሌከ

ሐትና ፡ ወበፍቅር ፡ እንዘ ፡ የኀዝኑ ፡ በውዑይ ፡ ሐሊና [1] ፡ አንቲ ፡ ታአምሪ [2] ፡ ከመ ፡ ሀሎነ ፡ ፪ኢነ ፡ በ፩ልብ ፡ ለምንት ፡ ታርኅቅነ ፡ እምጸታኪ ፡ ወ<ወ>ሀበነ ፡ ወልደ ፡ ቀዱሰ ፡ ዘየ|(6 r° b)ሠተፌስሐነ ፡ ወዘካርያስኒ ፡ ይቤ ፡ በወስተ ፡ ጸሎቱ ፡ ጸላእትየሰ ፡ እለ ፡ ይሣቀዩኒ ። እሙንቱ ፡ ደክሙ ፡ ወወድቁ ፡ ወርቀኒ ፡ ወብሩረኒ ፡ ወአልባሰ ፡ ክቡራተ ፡ ወሀብክኒ ፡ ወፍሬ ፡ ሠናየ ፡ ዘየሠተፌስሐኒ [3] ፡ ለአዕይንትየ ፡ ሀበኒ ፡ እግዚኦ ፡ ወአንቲኒ ፡ እግዝእትየ ፡ እመ ፡ ደክታም ፡ አሰስሊ ፡ ሐዘንየ ፡ ወኢትረስይኒ ፡ ስላተ ፡ ጸላእየ ፡ በጊዜ ፡ ሞትየ ፡ ወብእሲቱኒ ፡ ሶፍያ ፡ ከመዝ ፡ ትብል ፡ በውስተ ፡ ጸሎት ፡ እግዚኦ ፡ በከመ ፡ ወሀብካ ፡ ለሐና ፡ መካን ፡ ወለሣራሂ ፡ ብእሲተ ፡ አብርሃም ፡ ወለእግ|(6 v° a)ዚአ ፡ ኀረየ ፡ ብእሲቱ ፡ ለጸጋ ፡ ዘአብ ፡ ከማሆን ፡ ሀበኒ ፡ ወልደ ፡ ዘያሰምረከ ፡ ለከ ፡ ወአንቲኒ ፡ እግዝእትነ ፡ ማርያም ፡ መኑ ፡ ተኃፍረ ፡ ብኪ ፡ ዘተወከለ ። ወመኑ ፡ ዘኢተፈሥሐ ፡ ኀቤኪ ፡ ዘተማኅጸነ ፡ ወዘንተ ፡ ይቤሉ ፡ በውዑይ ፡ ልብ ፡ ወበምረተ ፡ ሐሊና ። ወይበክዩ ፡ ኵሎ ፡ አሚረ ፡ ወይገብሩ ፡ ተዝካረ ፡ ጻድቃን ፡ ወሰማዕት ፡ ወበአለ ፡ ገብርኤል ፡ ለለወርኁ ፤ ወፈድፋደሰ ፡ ተዝካራ ፡ ለእግዝእትነ ፤ ማርያም ፡ ወተዝካሮ [4] ፡ ለእግዚእነ ፡ ኢየሱስ ፡ |(6 v° b) ክርስቶስ ፡ ለዘክሮቱ ፡ ሰጊድ ። ወእምዝ ፡ በአሐቲ ፡ ሌሊት ፡ አስተርዓይዎ ፡ ፪መላእክት ፡ [5] ወምስሌሆሙ ፡ ዕንቄ ፡ ባሕረይ ፡ ጽዱል ፡ ዘየበርህ ፡ ለኵሉ ። ወወ[ሀ]ብዎ ፡ ለዘካርያስ ፡ በንዋሙ ፡ ወይእቲኒ ፡ ርእየት ፡ በንዋማ ፡ መዓረ ፡ ቀፎ ፡ ወይበልዕዎ ፡ ኵሎሙ ፡ ሰብአ ፡ ሸዋ ፡ ወኵሉ ፡ አጽናፈ ፡ ምድር ፡ ወነቂሆሙ ፡ ተዝያነው ፡ [6] በበይናቲሆሙ ፡ ወይቤሉ ፡ ፈቃደ ፡ እግዚአብሔር ፡ ለይኵን ። ወእምድኅረ ፡ ኅዳጥ ፡ መዋዕል ፡ ጸንሠት ፡ ሶፍያ ፡ ቅድስ|(7 r° a)ት ፡ ወተአውቀ ፡ ጽንሣ ፡ ወለደት ፡ ወልደ ፡ ዘአዕይንቲሁ ፡ ይመስል ፡ ከመ ፡ ኮከበ ፡ ጽባሕ ፡ ወብርሃኑ ፡ ከመ ፡ ፀሐይ ፡ ይበርህ ፡ ወተፈሥሑ ፡ አቡሁ ፡ ወእሙ ፡ ወገብሩ ፡ በዓለ ፡ ዓቢየ ፡ እስከ ፡ ፵መዋዕል ፡ ዘውእቱ ፡ ልደቱ ፡ አመ ፡ ፲ወ፫ለኅዳር ፡ ወበ፵መዋዕል ፡ ወሰድዎ ፡ ብዙኃን ፡ ሰብእ ፡ ኀበ ፡ ቤተ ፡ ክርስቲያን ፡ በመዋዕለ ፡ ንጽሐ ፡ ለእሙ ፡ ወሶበ ፡ ርእዮ ፡ ቀሲስ ፡ ለውእቱ ፡ ሐፃን ፡ተፈሥሐ ፡ ወተነበየ ፡ ሎቱ ። ወይቤሎ ፡ እስመ ፡ ዝንቱ ፡ ይከውን ፡ ብር

[1] Ms. ሒ'' — [2] Ms. ተ''. — [3] Ms. ''ነ ፡ — [4] Ms. ''ሩ ፡ — [5] Ms. ''ተ ፡ —
[6] Dillm. *Lex.* ne connaît que ተዚያነወ ፡ et ተዘያነወ ; Kidāna Wald Keflē a la forme ተዝያነወ

ሣነ ፡ ለኵሉ ፡ ዓለም ። ወ|ውእቱኒ ፡ ቀሲስ ፡ ያአምር[1] ፡ ዘይከውን ፡ እምቅ | 7 r° b
ድመ ፡ ይኩን ፡ እስመ ፡ ተተናገሮ ፡ እግዝእትነ ፡ ማርያም ፡ አፈ ፡ በአፍ ፡ ወ
እምድኅ[ረ]ዝ ፡ ሰመይዎ ፡ ስሞ ፡ ዮሐንስ ፡ በከመ ፡ ሰመዮ ፡ ውእቱ ፡ ቀሲ
ስ ፤ እስመ ፡ በአማን ፡ ውእቱ ፡ ዮሐንስ ፡ ወፍሥሐሆሙ ፡ ኮነ ፡ ለአቡሁ ፡ ወ
እሙ ፡ ወለኵሎሙ ፡ ሰብአ ፡ ሸዋ ፡ ወምድረ ፡ መራቤቴ ፡ እስከ ፡ ወሰነ ፡ አ
ምሐራ ፡ ዮሐንስ ፡ አጥመቀ ፡ ብዙሐነ ፡ አሕዛበ ፡ ውእቱኒ ፡ አእመነ ፡ በስብ
ከቱ ፡ ዮሐንስ ፡ ሰበከ ፡ ጥምቀተ ፡ ለንስሓ ፡ ውእቱኒ ፡ አንሶሰ|ወ ፡ እምድረ ፡ | 7 v° a
ሸዋ ፡ እስከ ፡ ትግሬ ፡ ወእስከ ፡ ኢየሩሳሌም ። ወተብህለ ፡ አልቦ ፡ ዘየዓብዮ ፡
ለዮሐንስ ፡ እምትወልደ ፡ አንስት ፡ ወከማሁ ፡ አልቦ ፡ ዘየዓብዮ ፡ ለአቡነ ፡
ዘዮሐንስ ፡ እምትውልደ ፡ ሸዋ ፡ ወመራቤቴ ፡ እስከ ፡ ወሰነ ፡ አምሐራ ፤ ዮሐ
ንስ ፡ ቀናቱ ፡ አዲም ፡ ወለውእቱኒ ፡ ከማሁ ፡ ውስተ ፡ ሐቄሁ ፡ እስመ ፡ በ
አማን ፡ ተቀደሰ ፡ እምከርሠ ፡ እሙ ፡ ሌዊሰ ፡ አሰረ ፡ እስመ ፡ ሀሎ ፡ ይወ
ጽእ ፡ እምከርሠ ፡ አብርሃም ፡ ይብል ፡ መጽሐፍ ፤ ወከማሁ ፡ ኮነ ፡ ለ|ውእቱ ፡ | 7 v° b
አቡነ ፡ ዮሐንስ ፡ እምቅድመ ፡ ይትወለድ ፡ አቀቦሙ ፡ ለአቡሁ ፡ ወለእሙ ፡
እምኵሉ ፡ ነገር ፡ ሕሡም ፡ ወአሰሩ ፡ አቡሁ ፡ ወእሙ ፡ እምእግዚኦሙ ፡ ባ
ሕቱ ፡ ንሕድጎ ፡ ለነገርነ ፡ ሕፀረ ፡ እስመ ፡ ያከህድ ፡ ነገሮሙ ፡ ለኵሎሙ ፡
ቅዱሳን ፡ ነገሩ ፡ ለአቡና ፡ ዮሐንስ ፡ እስመ ፡ ሰሀበነ ፡ ሀብለ ፡ ፍቅረ ፡ ስሙ ፡
ወእምድኅረ ፡ ዝንቱ ፡ ልህቀ ፡ በጸጋ ፡ ወአኮ ፡ በሐሊብ ፡ ሐሊበ ፡ እሙሰ ፡ ክብር ፡
ወሞገስ ፡ ዘታልህቆሙ ፡ ለእለ ፡ ይትዋረስዋ ፡ ጻድቃን ። ወበጽሐ ፡ መጠነ ፡
፯ ዓመት ፡ እንዘ ፡ ኢታነ|ጥዮ ፡ እሙ ፡ አሐተ ፡ ዕለተ ፡ ለለዕለት ። አቡሁሰ ፡ | 8 r° a
ወእሙ ፡ ያነክሩ ፡ እስመ ፡ ኢሀለዎ ፡ ስስእት ፡ ለአጥባዕተ[2] ፡ እሙ ፡ ወበ
ዘከመዝ ፡ ግብር ፡ ኮነ ፡ ወበጽሐ ፡ አመ ፡ ፯ ዓመት ፡ ወበ፯ዓመት ፡ ወሀብዎ ፡
ለመምህር ፡ ከመ ፡ ይትመሐር ፡ ከመ ፡ ይደሉ ፡ ለሰብእ ፡ ወተምሕረ ፡ ኵሎ ፡
መጻሕፍተ ፡ ብሉይ ፡ ወሐዲስ ፡ ወአመ ፡ ነገሮ ፡ መምህሩ ፡ በ፩ጊዜ ፡ ያጸንዕ ፡
እስከ ፡ ኮነ ፡ ከመ ፡ ቄርሎስ ፡ ሊቀ ፡ ጳጳሳት ። ወከማሁ ፡ ውእቱኒ ፡ አቡነ ፡
ዮሐንስ ፡ ኮነ ፡ መበይነ ፡ መጻሕፍት ፡ አምላካውያት ፡ ለኵሎሙ ፡ ም|እመና | 8 r° b
ን ። ወዓዲ ፡ ተምሕረ ፡ ንዒወ ፡ አራዊተ ፡ ወነዲፈ ፡ ቀስተ ፡ ወእመ ፡ ረከበ ፡
አንበሳ ፡ በ፩ጊዜ ፡ ይቀትሎ ፡ ወከማሁ ፡ ኵሎሙ ፡ አራዊት ፡ ኢይቀውሙ ፡

[1] Ms. ዮ`` — [2] Cf. Dillm. *Lex.* 1233.

በገጹ ፡ ወኮነ ፡ ጽኑአ ፡ ወኃያለ ፡ በኵሉ ፡ ፍናዊሁ ፡ ወእለ ፡ ርእይዎ ፡ ያነ
ክሩ ፡ እምዕበየ ፡ ግርማሁ ፡ ወይቤሉ ፡ በላእለ ፡ ዝንቱ ፡ ተፈጸመ ፡ ዘይቤ ፡
መጽሐፍ ፡ ሕንጻ ፡ ወውሉድ [1] ፡ ያዓብዩ ፡ ስመ ፡ ወዓዲ ፡ ይቤ ፡ በቃለ ፡ መ
ዝሙር ፡ ናሁ ፡ ጸጋሁ ፡ ለእግዚአብሔር ፡ ውሉድ ፡ ዕሤተ ፡ ፍሬሃ ፡ ለከርሥ ፡
| 8 v° a ወአሐተ ፡ ዕለተ ፡ እንዘ ፡ ሀ|ለወ ፡ ውስተ ፡ ቤተ ፡ ክርስቲያን ፡ ዘእግዝእትነ ፡
ማርያም ፡ ጊዜ ፡ መንፈቀ ፡ ሌሊት ፡ ለጸሎት ። ተርአይዎ ፡ ዮሐንስ ፡ ወኤል
ያስ ፡ እንዘ ፡ ይእኅዙ ፡ በእደዊሆሙ ፡ ቀብዓ ፡ ወአስኬማ ፡ ወወሀብዎ ፡ ለአ
ቡነ ፡ ዮሐንስ ፡ ወይቤልዎ ፡ እግዚእነ ፡ ኢየሱስ ፡ ክርስቶስ ፡ ወእግዝእትነ ፡ ማ
ርያም ፡ ፪ሆሙ ፡ አዘዙነ ፡ ከመ ፡ ነሀብከ ፡ እሎንተ ፡ ክብራተ ፡ ውእቱኒ ፡
ተአምሆሙ ፡ ወተወክፎሙ ፡ በፍሥሐ ፡ ወእምዝ ፡ በ፩እመዋዕል ፡ እንዘ ፡ ሀለ
| 8 v° b ወ ፡ ባሕቲቱ ፡ መጽአት ፡ ደመና ፡ ንስቲት ፤ ወ|ጾረቶ ፡ ወአብጽሐቶ ፡ ኀበ ፡
አንቀጸ ፡ ኢየሩሳሌም ፡ ዘውእቱ ፡ መቃብረ ፡ እግዚእነ ፡ ወተሰለመ ፡ መቃብ
ሪሁ ፡ ወኀበ ፡ ደብረ ፡ ዘይት ፡ ወኀበ ፡ ማየ ፡ ዮርዳኖስ ፡ ወበኅየ ፡ ተሐጽበ ፡
ወተጠምቀ ፡ ወዓዲ ፡ ሖረ ፡ ኀበ ፡ ጳጳስ ፡ ወበሕየ ፡ ተወክፈ ፡ ሢመተ ፡ ክህ
ነት ፡ ወይቤሎ ፡ ጳጳስ ፡ ለአቡነ ፡ ዮሐንስ ፡ ሀሎ ፡ ላእሌከ ፡ መንፈስ ፡ ቅዱ
ስ ፡ እምነ ፡ ኵሎሙ ፡ ቅዱሳን ፡ ወተነበየ ፡ ካዕበ ፡ ከመ ፡ ይከውን ፡ አበ ፡
ለብዙኃን ፡ አኃው ፡ ወይሚህር ፡ አሕዛበ ፡ ወያበውኦሙ ፡ ውስተ ፡ ንስሓ ።
| 9 r° a ወዘንተ ፡ ብሂሎ ፡ ወሀቦ ፡ ሰ|ላመ ፡ ወገብረ ፡ ጸሎተ ፡ ወእምድኅረዝ ፡ መጽ
አት ፡ ይዕቲ ፡ ደመና ፡ ወጾረቶ ፡ ወአብጽሐቶ ፡ ኀበ ፡ ብሔሩ ፡ ሸዋ ፡ ኀበ ፡
ይነብሩ ፡ አቡሁ ፡ ወእሙ ። ወኢያአምሩ ፡ አቡሁ ፡ ወእሙ ፡ ከመ ፡ ምንት ፡
ዘኮነ ፡ ወዳዕሙ ። ይቤሉ [2] ፡ ምንት ፡ ብርሃን ፡ ዘየአውዶ ፡ ውስተ ፡ ገጹ ፡
ወለለጽባሑ ፡ ይትዌሰክ ፡ ውእቱ ፡ ብርሃን ፡ ዘላእሌሁ ፡ ውእቱኒ ፡ ይዌስክ ፡
ጾመ ፡ ወጸሎተ ፡ ንጽሕና ፡ ወኒሩተ ፡ ወእምዝ ፡ ሶበ ፡ ኮኖ፳ወ፪ዓመተ ፡ ሐ
| 9 r° b ጸዩ ፡ ሎቱ ፡ ብእሲተ ፡ ሠናይተ ፡ | እምአዋልደ ፡ መኳንንተ ፡ ውእቱ ፡ ብሔ
ር ፡ ወይቤልዎ ፡ አቡሁ ፡ ወእሙ ፡ ነዓ ፡ ንሑር ፡ ከመ ፡ ንትፈሣሕ ፡ በመር
ዓከ ፡ ኦወልድነ ፡ ወይቤሎሙ ፡ አቡነ ፡ ዮሐ[ን]ስ ፡ ምንት ፡ ይበቍዖ ፡ ለሰብእ ፡
ለእመ ፡ ኵሎ [3] ፡ ዓለመ ፡ ረብሐ ፡ ወነፍሶ ፡ ኃጒለ ፡ ወምንተ ፡ እምወሀበ ፡
ቤዛሃ ፡ ለነፍሱ ፡ ወኀድጉኒ ፡ እትማከር ፡ ምስለ ፡ ልብየ ፡ ወዘንተ ፡ ብሂሎ ፡

[1] Ms. ወውለድ — [2] Ms. ይቤልዎ — [3] Ms. ሉ ፡

አሐዘ ፡ ይጸሊ ፡ ኵሎ ፡ አሚረ ፡ ከመ ፡ ያዕርፋ[ሁ] ፡ አቡሁ ፡ ወእሙ ፡ እ
ምጻማ ፡ ዝንቱ ፡ ዓለም ፡ ኃላፊ [1] ወኢይትማከርዎ ፡ ዳግመ ፡ ወ|ኢይበልዎ ፡ አ | 9 vº a
በሰ ፡ ብእሲተ ፡ ወግበር ፤ ከብካብ ፡ ወእምድኅረ ፡ ኅዳጥ ፡ መዋዕል ፡ አዕ
ረፈ ፡ አቡሁ ፡ ወእሙ ፡ ጸሎቶሙ ፡ ወስእለቶሙ ፡ ይዕቀቦ ፡ ለገብሩ ፡ ወልደ ፡
ማርያም ፡ ለዓለመ ፡ ዓለም ። አሜን ። ወእምድኅረ ፡ ገብረ ፡ ተዝካሮሙ ፡ አ
ቡነ ፡ ዮሐንስ ፡ ዘረወ ፡ ንዋየ ፡ ዘኃደገ ፡ አበዊሁ ፡ ወርቀ ፡ ወብሩረ ፡ ወአ
ልባሰ ፡ እንስሳ ፡ ወዓባግዓ ፡ ወወሀበ ፡ ለነዳያን ፡ ወለጽኑሣን ፡ ወአግዓዘሙ ፡
እምግብርናት ፡ ለአግብርቲሁ ፤ ወእምዝ ፡ ወጽአ ፡ በሌሊት ፡ እንዘ ፡ ኢያአ
ምርዎ [2] ፡ ሰብኡ ፡ | ወሖረ ፡ ኀበ ፡ ገዳም ፡ መካነ ፡ ጽሙና ፡ ወረከበ ፡ በ | 9 vº b
ህየ ፡ ቤተ ፡ ክርስቲያን ፡ ዘሐንጸት ፡ በስመ ፡ እግዝእትነ ፡ ማርያም ፡ ወበህየ ፡
ገብረ ፡ ጸሎተ ፡ ወተናገረቶ ፡ እምውስተ ፡ ሥዕላ ፡ ወትቤሎ ፡ ሑር ፡ እምይእ
ዜሰ ፡ መካነ ፡ ደብረ ፡ ሊባኖስ ፡ ዘውእቱ ፡ ደብረ ፡ ፍቁርየ ፡ ተክለ ፡ ሃይማኖት ።
ወበህየ ፡ ተወከፍ ፡ ቆብዓ ፡ ወአስኬማ ፡ ወእምዝ ፡ መጽኡ ፡ ዮሐንስ ፡ መጥ
ምቅ ፡ ወኤልያስ ፡ ነቢይ ፡ ወመርሕዎ ፡ ፍኖተ ፤ እስከ ፡ አብጽሕዎ ፡ ኀበ ፡
ደብረ ፡ ሊባኖስ ፡ ወይቤልዎ ፡ ንበር ፡ ወተወ|ከፍ ፡ ዘይቤለከ ፡ መምሕርከ ፡ | 10 rº a
ወህየ ፡ ነበረ ፡ እንዘ ፡ ይቀድሕ ፡ ማየ ፡ ወየሐርፅ ፡ እክለ ፡ ወይጸውር ፡ ሣ
ዕረ ፡ ወየሐጥብ ፡ ዕፀ ፤ ለለእለት ፡ ወበኵሉ ፡ ግብር ፡ አሥመሮሙ ፡ ለአኃ
ው ፡ ወይቤልዎ ፡ ኵሉ ፡ ረከብነ ፡ ገብረ ፡ ማዕምረ ፡ ወኄረ ፡ ወነበረ ፡ በዘ
ከመዝ ፡ ግብር ፡ መጠነ ፡ ፲ዓመት ፡ ወእምድኅረ ፡ ዝንቱ ፡ ነገር ፡ ይቤሎ ፡ አ
ባ ፡ ሕዝቀያስ ። ዘውእቱ ፡ ወልዱ ፡ ለአቡነ ፡ ፊልጶስ ፡ ወልዱ ፡ ለአቡነ ፡ ተ
ክለ ፡ ሃይማኖት ፡ ነዓ ፡ ከመ ፡ ትትወከፍ ፡ ወትኩን ፡ ሱታፌ ፡ መላእክ|ት ፡ ወ | 10 rº b
ዘንተ ፡ ብሂሎ ፡ ወሀቦ ፡ ቆብዓ ፡ ወአስኬማ ፡ ወአልበሶ ፡ አልባሰ ፡ መላእክ
ት ፡ ወረሰይዎ ፡ ላዕከ ፡ ለቤተ ፡ ክርስቲያን ፡ ወየዓጥን ፡ ፪ጊዜ ፡ በመዐልት ፡
ወ፪ጊዜ ፡ በሌሊት ፡ ወ፬ወንጌላት ፡ ያበጽሕ ፡ ለለጽባሑ ፡ ወመዝሙረ ፡ ዳ
ዊትሂ ፡ ፫ጊዜ ፡ ያበጽሕ ፡ ወስግደቱሂ ፡ ፫፻ኵሎ ፡ አሚረ ፡ ወካልዓን ፡ ጸሎ
ታት ፡ እለ ፡ አልቦሙ ፡ ኍልቍ ፡ ወበዘከመዝ ፡ ግብር ፡ ፳ወ፫ዓመተ ፡ በትእ
ግሥት ፡ ወበፈሪሃ ፡ እግዚአብሔር ፡ ወሲሳዩኒ ፡ ኮነ ፡ ሐምለ ፡ ባሕር ፡ ወተመ
ሰለ ፡ ከመ ፡ ዕፀ ፡ | ገዳመ ፡ ዘተቀርፈ ፡ ወተወለጠ ፡ አርዓያሁ ፡ ወአምሳሊ | 10 vº a

[1] Ms. ˮፊ — [2] Ms. ኢየˮ.

ሁ ፡ ዘኮነ ፡ ቀዳሚ ። እስመ ፡ ለአመረ ፡ ፍክሬ ፡ ነገር ፡ ዘይቤ ፡ ዘያፈቅራ ፡
ለነፍሱ ፡ ለይግድፋ ፡ በእንቲአየ ፡ ወበእንተ ፡ ወንጌልየ ፡ ለማን ፡ ገደፋ ፡ ለነ
ፍሱ ፡ አባ ፡ ዮሐንስ ፡ ወጸልአ ፡ ለሥጋሁ ። በእንተ ፡ እግዚአብሔር ፤ ወካ
ዕበ ፡ ይቤ ፡ ዘይፈቅድ ፡ ይጸመደኒ ፡ ያጥብዕ ፡ ወይትልወኒ ፤ በአማን ፡ ተለ
ዋ ፡ ለእግዚኡ ። ወጾረ ፡ መስቀሎ ፡ አባ ፡ ዮሐንስ ፡ ከመ ፡ ይኩን ፡ ረድኦ ፡
| 10 v° b ለፈጣሪሁ ፡ ወዘንተ ፡ ኵሎ ፡ ፈጺሞ ፡ ነበረ ፡ ወበአሐቲ ፡ ዕለት ፡ እ|መዋዕል ፡
እንዘ ፡ ሀሎ ፡ ውስተ ፡ ቤተ ፡ ክርስቲያን ፡ ለተልዕኮ ፡ ምሥዋዕ ፡ እንዘ ፡ የዓ
ጥን ፤ በእለተ ፡ ሰንበት ፡ አስተርዓዮ ፡ እግዚእነ ፡ ወመድኃኒነ ፡ ኢየሱስ ፡ ክ
ርስቶስ ፡ ለዝክሮቱ ፡ ይደሉ ፡ ሰጊድ ፡ በአምሳለ ፡ ብእሲ ፡ እንግዳ ፡ ዘመጽ
አ ፡ እምካልዕ ፡ ብሔር ። ወይቤሎ ፡ ሰላም ፡ ለከ ፡ ወውእቱኒ ፡ አቡነ ፡ ዮሐ
ንስ ፡ ይቤሎ ፡ ሰላመ ፡ እግዚአብሔር ፡ የሀሉ ፡ ምስሌከ ። ኦእኁየ ፡ ወፈጺ
ሞ ፡ ግብሮ ፡ አቡነ ፡ ዮሐንስ ፡ ይቤሎ ፡ ለእግዚእነ ፡ እምአይ ፡ ብሔር ፡ አንተ ፡
| 11 r° a ብእሲ ፡ እንግዳ ፡ ወኢያአምረከ [1] ፡ | እምቀድመዝ ፡ ወአክሞሰሰ ፡ እግዚእነ ፡
በመንፈሱ ፡ ወይቤሎ ፡ አንሰ ፡ አአምረከ ፡ እምቀድመ ፡ ትፃዕ ፡ እምከርሠ ፡
እምከ ። ወዘንተ ፡ ብሂሎ ፡ ነገሮ ፡ እምጥንቱ ፡ እስከ ፡ ተፍጻሜቱ ፡ ዘገብረ ፡
ሎቱ ፡ እምቀድመ ፡ ልደቱ ፡ ዘኮነ ። ወእምድኅረ ፡ ልደቱኒ ፡ ዘገብረ ፡ ሎቱ ፡
እስከ ፡ አሚሃ ፡ እለት ። ወዘከመሂ ፡ አድኃኖ ፡ ለአቡሁ ፡ እሞት ፡ በእደ ፡
ጎዶልያ ፡ ዕልው ፡ ወለእሙኒ ፡ ይረስያ ፡ ዕቅብቶ ፡ ወኵሎ ፡ ኀቡዓቲሁ ፡ ነገሮ ፡
| 11 r° b ወአልቦ ፡ ዘአትረፈ ፡ እምኵሉ ፡ ዘተገ|ብረ ፡ ሠናያት ፡ [2] በላእለ ፡ አቡነ ፡
አባ ፡ ዮሐንስ ፡ ወዘንተ ፡ ብሂሎ ፡ ተናገሮ ፡ ዳግመ ፡ ወይቤሎ ፡ እምይእዜሰ ፡
ይኩን ፡ ስምከ ፡ ዘዮሐንስ ፡ እስመ ፡ ፍሥሐ ፡ ኵሉ ፡ ዓለም ፡ አንተ ፡ ወብከ ፡
ይትፌሥሑ ፡ እለ ፡ ይላህው ፡ ወዓዲ ፡ ሑር ፡ አደያማተ ፡ ትግሬ ፡ ወኢየሩሳ
ሌም ፡ እስመ ፡ በህየ ፡ ትረክብ ፡ ጸጋ ፡ ወክብረ ፡ ወሞገሰ ፡ ወናሁ ፡ ወሀብኩከ ፡ መራ
ኁተ ፡ ኢየሩሳሌም ፡ ወበእዴከ ፡ ይኩን ፡ መራኁቲሃ ፡ ወአንተ ፡ አርኁ ፡ ለዘ
| 11 v° a ይበውዕ ፡ ወይወጽእ ፡ እምኔሃ ፡ ለውሉድከ ፡ ወለውሉደ ፡ ው|ሉድከ ፡ ውእ
ተ ፡ ጊዜ ፡ አእመረ ፡ ከመ ፡ እግዚእነ ፡ ውእቱ ፡ ወሰገደ ፡ በብረኪሁ ፡ አቡ
ነ ፡ ዘዮሐንስ ፡ ወይቤሎ ፡ ሥራይ ፡ ሊተ ፡ በእንተ ፡ ዘተናገርኩከ ፡ አፈ ፡ በአ
ፍ ፡ ወአስተማሰልኩከ ፡ በብእሲ ፡ እንግዳ ፡ ኦእግዚኦ ፡ ምንት ፡ ውእቱ ፡ ንብ

[1] Ms. ወኢየ''. — [2] Ms. ''ተ

ረትየ ፡ ወተንሥኦትየ ፡ አነ ፡ ብእሲ ፡ ኃጥዕ ፡ ወኮንኩ ፡ ከመ ፡ ኅርቱም ። ወ
ይቤሎ ፡ መድኃኒነ ፡ ኦኅሩይየ ፡ ዘዮሐንስ ፡ ኢትበል ፡ ከመዝ ፡ ዝሰ ፡ ነገሮ ፡
ለኃከይያን ፡ ውእቱ ፡ ለከሰ ፡ ኢይደልወከ ፡ ዝንቱ ። ወዘንተ ፡ ብሂሎ ፡ ወሀቦ ፡
ሰላመ ፡ ወዓርገ ፡ ውስተ ፡ ዘቀዳሚ ፡ | ህላዌሁ ፡ ሰማያተ ፡ ወአቡነሂ ፡ ዘዮ | 11 v° b
ሐንስ ፡ ኃደረ ፡ ይዕተ ፡ ሌሊተ ፡ እንዘ ፡ ኢይጥዕም ፡ ምንተኒ ፡ ወበሳኒታ ፡ እ
ንዘ ፡ ጽባሐ ፡ ሰኑይ ፡ ዕለት ፡ መጽአት ፡ ደመና ፡ ብርህት ፡ ወጾረቶ ፡ ወአብ
ጽሐቶ ፡ ውስተ ፡ ምድረ ፡ ትግሬ ፡ እንዘ ፡ ምስሌሁ ፡ ሚካኤል ፡ በየማኑ ፡ ወገ
ብርኤል ፡ በጸጋሙ ፡ ወበጺሖ ፡ ምድረ ፡ ትግሬ ፡ ገብረ ፡ ብዙኃ ፡ ተአምራተ ፡
በፈውሶ ፡ ድውያን ፡ ወበአውጽኦ ፡ አጋንንት ፡ ወበአብርሆ ፡ አውራን ፡ ወበ
አርትዖ ፡ ሐንካሳን ፡ ወፅውሣን ፡ ወዘንተ ፡ ኵሎ ፡ ገብረ ፡ አቡነ ፡ ዘ|ዮ[ሐ]ንስ ፡ እን | 12 r° a
ዘ ፡ እግዚአብሔር ፡ ምስሌሁ ፡ ወይረድኦ ፡ በኵሉ ፡ ፍናዊሁ ። ወበህየ ፡ ገብ
ረ ፡ ምጽላለ ፡ ለርእሱ ፡ ወእግዚአብሔርሰ ፡ ኢፈቀደ ፡ ሎቱ ፡ አላ ፡ አምጽአ ፡
ቦቱ ፡ ደዌ ፡ ከርሥ ፡ ወሐመ ፡ ብዙኃ ፡ ወሐልቀ ፡ ኵሉ ፡ ሥጋሁ ። ወእምዝ ፡
በአሐቲ ፡ እለት ፡ መጽአት ፡ ይእቲ ፡ ደመና ፡ ወጾረቶ ፡ ወአብጽሐቶ ፡ ከመ ፡
ልማዱ ፡ ኀበ ፡ አንቀጸ ፡ ኢየሩሳሌም ፡ ወኀበ ፡ መቃብረ ፡ እግዚእነ ፡ ወበህየ ፡
ተራከበ ፡ ምስለ ፡ ሊቀ ፡ ጳጳሳት ፡ አባ ፡ ዮ<ን>ሐንስ ፡ ወሶበ ፡ ርእዮ ፡
ሊቀ ፡ | ጳጳሳት ፡ አባ ፡ ዮሐንስ ፡ ተፈሥሐ ፡ ጥቀ ፡ ወይቤሎ ፡ ለአቡነ ፡ ዘዮ | 12 r° b
ሐንስ ፡ ምንተ ፡ አምጻእከ ፡ ዝየ ፡ ወምንት ፡ ውእቱ ፡ ዘተኃሥሥ ፡ እስመ ፡
ኵሉ ፡ ውስተ ፡ እደከ ፡ ሀሎ ። ወይቤሎ ፡ ውእቱ ፡ አቡነ ፡ ዘዮሐንስ ፡ ፈቃ
ዱ ፡ ለእግዚአብሔር ፡ አምጽአኒ ፡ ወዘንተ ፡ ብሂሎሙ ፡ ኀደሩ ፡ እንዘ ፡ ይዝ
ያነው [1] ፡ ዕበያቲሁ ፡ ለእግዚአብሔር ። ወኵሎ ፡ ክብሮ ፡ ወዘከመሂ ፡ መጽ
አ ፡ በደመና ፡ በአምሳለ ፡ መልአከ ፡ እግዚአብሔር ፡ ወበጽሐ ፡ ኀበ ፡ ዝን
ቱ ፡ መካን ፡ ወእምድኅረ ፡ ዝንቱ ፡ | በኅዳጥ ፡ መዋዕል ፡ ሖረ ፡ ተፅዒኖ ፡ | 12 v° a
ዲበ ፡ ይእቲ ፡ ደመና ፡ ወበጽሐ ፡ በቅጽበት ፡ ብሔረ ፡ ደራ ፡ ወበህየ ፡ አን
ጸረ ፡ ፍኖቶ ፡ እንተ ፡ ይእቲ ፡ ሮቢት ፡ ወበምሴት ፡ በጽሐ ፡ ኀበ ፡ ቤተ ፡ ፩ብ
እሲ ፡ አሥጋሬ ፡ አሣ ፡ ዘይብልዎ ፡ ገብርኤል ፡ ወብእሲቱ ፡ መስቀል ፡ ክብራ ፡
ወሰብአ ፡ ብሔርሰ ፡ ይጼውዕዋ [2] ፡ እንዘ ፡ ይብሉ ፡ ክብራ ። እስመ ፡ ልማዱ ፡
ለአለም ፡ ከፊለ [3] ፡ ስም ፡ ወለዛቲኒ ፡ ጽውዕዋ ፡ ከፊሎሙ ፡ እንዘ ፡ ይብሉ ፡

[1] Cf. p. 6, note 6. — [2] Ms. ″ዎ — [3] Ms. ከፈለ ፡

| 12 v° b ክብራ ፡ ባሕቲቶ ፡ ወአቡነሰ ፡ ዘዮሐንስ ፡ በጺሖ ፡ ነበረ ፡ ኀበ ፡ | አንቀጽ ፡
አፍኣ ፡ ወጐድጐደ ፡ በሕቁ ፡ ወሰሚኣ ፡ ይእቲ ፡ መስቀል ፡ ክብራ ፡ ወጽአት ፡
ፍጡነ ፡ ወርእየቶ ፡ ለአቡነ ፡ ዘዮሐንስ ፡ ወትቤሎ ፡ እምአይቴ ፡ ብሔር ፡ መ
ጻእከ ፡ አንተ ፡ እንግዳ ፡ መነኮስ ፡ ወእምአይ ፡ ዘመድ ፡ አንተ ። ወይቤላ ፡
አቡነ ፡ ዮሐንስ ፡ አልቦቱ ፡ ለመነኮስ ፡ ብሔር ፡ ወዘመድ ፡ ወብሔርየኒ ፡ ር
ሑቅ ፡ ወዘመድኒ ፡ አልብየ ። ወዘንተ ፡ ብሂሎ ፡ አኀድርኒ ፡ ይቤላ ። ወሰሚ
| 13 r° a ዓ ፡ ይእቲ ፡ ብእሲት ፡ ዘንተ ፡ ነገረ ፡ አብአቶ ፡ ውስጠ ። ወእምዝ። ተራከ|በ
ቶ ፡ ወተአምኃቶ ፡ በአምኃ ፡ መንፈስ ፡ ወአብአቶ ፡ ኀበ ፡ ፩ቤት ፡ ወነጸፈት ፡
ሎቱ ፡ ለአቡነ ፡ ወትቤሎ ፡ ንበር ፡ ወአዕርፍ ፡ ንስቲተ ። እስከ ፡ ይመጽእ ፡
ብእሲየ ፡ ገብርኤል ፡ ወገብርኤልሰ ፡ እምአመ ፡ ሖረ ፡ ኮና ፡ ፫ዕለተ ፡ ኀበ ፡
አሠግሮ ፡ አሣ ፡ ወኢአሐዘ ፡ እስከ ፡ ይእቲ ፡ ዕለት ፡ ወበይእቲ ፡ እለት ፡ አ
ሐዘ ፡ ብዙሐ ፡ አሣ ፡ እስከ ፡ ኢይክል ፡ ሐመር ፡ ዘኢይትከሀል ፡ በነጊር ፡ ወ
በዕፁብ ፡ በጽሐ ፡ ሐይቀ ፡ ባሕር ፡ ወክብራሰ ፡ በ[ጊ]ዜ ፡ ቦአ ፡ አቡነ ፡ ዘ
| 13 r° b ዮሐንስ ፡ ቤታ ፡ ነጸረቶ ፡ ለሙዳየ ፡ እክል ፡ እስከ ፡ አፉሁ ፡ ወለሙ|ዳየ ፡ ቀ
ብዕኒ ፡ ወለዘይትኒ ፡ ከማሁ ፡ ወኵሎሙ ፡ በበመካኖሙ ፡ ምሉኣን ፡ እስከ ፡ አ
ፉሆን ፡ ወአስተዓጸበት ፡ ነጺራ ፡ ዘንተ ፡ ኵሎ ። ወትቤ ፡ በልባ ፡ ቦኑ ፡ ወረደ ፡
አምላክ ፡ ኀቤየ ፡ ወሚመ ፡ መልአክ ፡ ተመሲሎ ፡ ሰብአ ። ወዘንተ ፡ ብሂላ ፡
አርመመት ፡ ወእምዝ ፡ ፀውዓ ፡ ምታ ፡ ወወረደት ፡ ሐይቀ ፡ ባሕር ፡ ወትቤ
ሎ ፡ ለምታ ፡ ምንት ፡ ዘአጕንደይከ ፡ እግዚእየ ፡ ወይቤላ ፡ እምአመ ፡ ሖርኩ ፡
እስከ ፡ ዛቲ ፡ ዕለት ፡ ኢያሠገርኩ ፡ ወዮምሰ ፡ ተሬዕይኒ ፡ እንዘ ፡ ያሰጥም ፡
| 13 v° a ለሐመ|ርየ ፡ ወእምዝ ፡ ትቤሎ ፡ ብእሲቱ ፡ ክብራ ፡ ሊተኒ ፡ የዓፅበኒ ፡ ነገር ፡
ዘረከበኒ ፡ ይእዜ ፡ ወዘንተ ፡ ብሂላ ፡ ነገረቶ ፡ ከመ ፡ ሀለወ ፡ እንግዳ ፡ መነኮ
ስ ፡ ወዘከመ ፡ ወረደ ፡ በረከት ፡ ውስተ ፡ ቤቶሙ ፡ እምጥንቱ ፡ እስከ ፡ ተ
ፍጻሜቱ ፡ ወእምዝ ፡ ተራከቦ ፡ ለአቡነ ፡ ውእቱሂ ፡ ገብርኤል ፡ ወተፈሥሑ ፡
ክብራ ፡ ወምታ ፡ ጥቀ ፡ በአቡነ ፡ ዘዮሐንስ ፡ እስመ ፡ መስሎሙ ፡ ከመ ፡ አቡ
ሆሙ ፡ ሔር ፡ መንፈሳዊ ፡ ወከመ ፡ አምላኮሙ ፡ መሐሪ ፡ ወረደ ፡ ኀቤሆሙ ።
| 13 v° b ወሶበ ፡ መስየ ፡ ብሔር ፡ አቀረቡ ፡ | ማዕደ ፡ ወጸውዕዎ ፡ ወአንበርዎ ፡ በ
ማዕከሎሙ ፡ መኑ ፡ ይዜኑ ፡ ዘኮነ ፡ ፍሥሓ ፡ በይእቲ ፡ እለት ፡ ወበይእቲ ፡ ሰ
ዓት ። እስመ ፡ ኀሩያን ፡ ተራከቡ ፡ በፈቃዱ ፡ ለእግዚአብሔር ፡ ወኃደሩ ፡ ኵ

ለ ፡ ሌሊተ ፡ በፍሥሓ ፡ ወበሰላም ፡ ወበጸጋ ፡ እግዚአብሔር ፡ ወበውእቱ ፡ መካን ፡ ነበረ ፡ ሰቡዓ ፡ መዋዕለ ፡ እስከ ፡ ይትከሰት ፡ ሎቱ ፡ እምእግዚአብሔር ፡ ዘአዘዘ ። ወእምቅድመ ፡ ዝንቱ ፡ ሰሚዖ ፡ ነበረ ፡ እምኀበ ፡ ሊቀ ፡ ጳጳሳት ፡ አባ ፡ ዮሐንስ ፡ ከመ ፡ ኮነት ፡ ክፍሉ ፡ ይእቲ ፡ ደሴተ ፡ ክብራ ፡ እስከ ፡ ዛቲሰ ፡ አለት ፡ ኢያእመራ ፡ ወበ፲ዕለት ፡ እ| [14 rº a] ንዘ ፡ ሀለወ ፡ ነዊሞ ፡ ጊዜ ፡ መንፈቀ ፡ ሌሊት ፡ አስተርዓዮ ፡ መልአከ ፡ እግዚአብሔር ፡ ወይቤሎ ፡ ሑር ፡ እምይእዜሰ ፡ ኀበ ፡ ዘቀድሚከ ፡ ይእቲ ፡ ደሴት ፡ ወዘንተ ፡ ብሂሎ ፡ አንጸሮ ፡ እደዊሁ ፡ አርዓዮ ፡ ዘየሐውር ፡ ቦቱ ። ወይቤሎ ፡ አዕርፍ ፡ ወትከውን ፡ አበ ፡ ለብዙኃን ፡ ውሉድ ፡ ወእምዝ ፡ ሶበ ፡ ጸብሐ ፡ ብሔር ፡ ጸውዐ ፡ ለገብርኤል ፡ ወይቤሎ ፡ ቦኑ ፡ ሀለወ ፡ ሰብአ ፡ ኀበ ፡ ይእቲ ፡ ደብር ፡ ዘንኔጽራ ፡ ወሚመ ፡ አልቦ ፡ ወይቤሎ ፡ ውእቱ ፡ መሠግር ፡ ሰብአሰ ፡ አልቦ ፡ ወዳዕሙ ፡ | [14 rº b] ቦቱ ፡ በጊዜ ፡ አሠገርነ ፡ ብዙኃን ፡ መሠግራን ፡ ወሶበ ፡ ይቤሎ ፡ ከመዝ ፡ ተፈሥሐት ፡ ነፍሱ ፡ ሶቤሃ ፡ ለአቡነ ፡ ብእሴ ፡ እግዚአብሔር ፡ አባ ፡ ዘዮሐንስ ፡ ወራዕዮሰ ፡ ኢከሠተ ፡ ሎቱ ፡ ወእምቅድመ ፡ ዝንቱ ፡ ነገር ፡ ሰሚአ ፡ ነበረት ፡ መስቀል ፡ ክብራ ፡ እምአፈ ፡ ፩መነኮስ ፡ ከመ ፡ ይእቲ ፡ ደሴት ፡ ትከውን ፡ ለብዙሐን ፡ አኃው ፡ ወይትጋብኡ ፡ ዓርጋብ ፡ ንጹሐን ፡ ወከመ ፡ ኢትጠፍዕ ፡ እስከ ፡ ደኃሪ ፡ ዘመን ፡ ወበእንተዝ ፡ ተሐውር ፡ ለለወርኁ ፡ በመዋዕለ ፡ | [14 vº a] ንጽሐ ፡ ወይወስዳ ፡ ምታ ፡ ወበህየ ፡ ትገብር ፡ ጸሎተ ፡ ከመ ፡ ይክሥት ፡ ላቲ ፡ ግብራ ፡ ለይእቲ ፡ ደሴት ፡ ወበእንተዝ ፡ ተጸውዐ ፡ ስማ ፡ ለይእቲ ፡ ደሴት ፡ በስማ ፡ ለብእሲት ፡ ኄርት ፡ ይዕቲ ። ንግባዕኬ ፡ ኀበ ፡ ዜናሁ ፡ ለብእሴ ፡ እግዚአብሔር ፡ አባ ፡ ዘዮሐንስ ፡ እስመ ፡ ሰሐበተነ ፡ ኂሮውናሃ ፡ ለመስቀል ፡ ክብራ ፡ ወእምዝ ፡ ይቤሎ ፡ አቡነ ፡ ለውእቱ ፡ መሠግር ፡ ዘስሙ ፡ ገብርኤል ፡ ሰደኒ ፡ ከመ ፡ አርዓያ ፡ ለይእቲ ፡ ብሔር ፡ እስመ ፡ አፍቀርክዋ ፡ ጥቀ ፡ ወይቤሎ ፡ ገብርኤ| [14 vº b] ል ፡ ኦሆ ፡ ወዳዕሙ ፡ ነአሐዝ ፡ ድራረነ ፡ ከመ ፡ ኢንሙት ፡ በረኃብ ፡ ወይቤሎ ፡ አቡነ ፡ ዘዮሐንስ ፡ ለምንት ፡ ትሄሊ ፡ ከመዝ ፡ ወእግዚአብሔር ፡ መጋቢ ፡ ውእቱ ፡ ይሁበነ ፡ ኵሎ ፡ መፍቀደነ ፡ አላ ፡ ንሑር ። ወዘንተ ፡ ብሂሎ ፡ ጸአነ ፡ ሐመሮ ፡ ውእቱ ፡ መሰግር ፡ ወጸዓና ፡ ለአቡነ ፡ ወእምዝ ፡ ተሰወረ ፡ ውእቱ ፡ አቡነ ። ወአመ ፡ ርእዮ ፡ ውእቱ ፡ መሠግር ፡ በከዋላሁ ። ወባሕቱ ፡ ረከቦ ፡ በሐይቀ ፡ ባሕር ፡ በጺሖ ፡ ኀበ ፡ ይእቲ ፡ ደሴት ፡

| 15 rº a በፈቃደ ፡ እግዚአብሔር ። እስመ ፡ ሀብት ፡ ፍጹም ፡ ለቅዱሳን ፡ | ውእቱ ፡ ወ
ዘንተኒ ፡ ኢያግኀደ ፡ እስከ ፡ አመ ፡ ይትከሠት ፡ በእድሜሁ ። በከመ ፡ ይቤ ፡
መጽሐፍ ፡ ወዘንተ ፡ ኵሎ ፡ ገቢረክሙ ፡ በሉ ፡ አግብርት ፡ ጽሩዓን ፡ ንሕነ ።
ወበጺሖ ፡ ደሴተ ፡ ክብራ ፡ ተፈሥሐ ፡ ጥቀ ፡ ወአፍቀራ ፡ ፈድፋደ ። ወእም
ዝ ፡ ሰአሮ ፡ ለውእቱ ፡ መሠግር ። ወይቤሎ ፡ ሑር ፡ እምይዕዜሰ ፡ ኀበ ፡ ብሔ
ርከ ። ወያብጽሕከ ፡ በዳኅና ፡ ወበሰላም ፡ ወአንሰ ፡ እነብር ። ወእሄሉ ፡ እ
| 15 rº b ስከ ፡ ፩ሱባዔ ፡ ወእበኪ ። በእንተ ፡ ኃጢአትየ ፡ | ወዘንተ ፡ ብሂሎ ፡ ፈነዎ ፡
በሰላም ፡ ለውእቱ ፡ መሠግር [1] ። ወአቡነሰ ፡ ቦአ ፡ ሶቤሃ ። ወርእየ ፡ መልዕ
ልቴሃ ፡ እንዘ ፡ ይመርሕ ፡ መልአክ ፡ ዘስሙ ፡ ገብርኤል ፡ ከመ ፡ ልማዱ ። ወ
ነበረ ፡ ህየ ፡ መልዕልተ ፡ ጽንፉ ፡ በምሥራቂሃ ፡ ለይእቲ ፡ ደሴት ፡ ወአኀዘ ፡
ይጸሊ ፡ እንዘ ፡ ይብል ፡ እግዚአብሔር ፡ ያበርህ ፡ ሊተ ፡ ያድኅነኒ ፡ ምንትኑ ፡
ያፈርህኒ ፡ እስከ ፡ ተፍጻሜቱ ። ወካልዓኒ ፡ ጸሎተ ፡ ጸለየ ፡ በከመ ፡ ልማዱ ፡
| 15 vº a ዘሠርኦ ፡ አበው ፡ ቅዱሳን ፡ ሐ|ዋርያት ፡ ወኵሎሙ ፡ ገዳማውያን ። ወዘንተ ፡
እንዘ ፡ ይገብር ፡ ነበረ ፡ እስከ ፡ ፲ወ፩ዕለተ ። ወእምዝ ፡ በ፲ወ፪ዕለተ ፡ ትቤ
ሎ ፡ ክብራ ፡ ለምታ ፡ ገብርኤል ፡ በምንትኑ ፡ ነገር ፡ ዘኢንጤይቆ ፡ ወኢንሴአ
ሎ ፡ ለዝንቱ ፡ እንግዳ ፡ መነኮስ ። ወምንት ፡ ውእቱ ፡ ዘኢንበጽሖ ፡ ኀቤሁ ፡
እመሂ ፡ ሞተ ፡ ብሂለነ ፡ ዘኢቀበርናሁ ፡ አው ፡ ሀለወ ፡ ብሂለነ ፡ ዘኢረኢናሁ ፡
| 15 vº b እፎ ፡ ይትቤቀለነ ፡ እግዚአብሔር ። ወይቤላ ፡ ምታ ፡ ኦሆ ። ወእምዝ ፡ | አ
ስተዳለወት ፡ ወአኀዘት ፡ ተብሲለ ፡ ወአተረ ፡ ወዳፍ[ን]ተ ፡ ወኵሎ ፡ ዘይትፈቀ
ድ ፡ ለኀሢሦቱ ። ወእምዝ ፡ ሖሩ ፡ ገብርኤል ፡ ወብእሲቱ ፡ ክብራ ፡ ወቦኡ ፡
ውስተ ፡ ይእቲ ፡ ደሴት ። ወአኀዙ ፡ ይኅሥሥዎ ፡ ወኀጥእዎ ፡ መካኖ ። ወበዕ
ፀብ ፡ ረከብዎ ፡ መንገለ ፡ ምሥራቂሃ ፡ ለደሴት ፡ እንዘ ፡ ይጼሊ ፡ ጸሎተ ፡
በጊዜሁ ፡ ወስፉሐት ፡ እደዊሁ ፡ ከመ ፡ እግዚኡ ፡ ሰፍሐ ፡ እደዊሁ ፡ ዲበ ፡
| 16 rº a ዕፀ ፡ መስቀል ። ወአስመከ ፡ ታሕተ ፡ ዕፀ ፡ ጳውቄና ፡ ወአ|ዕጋሪሁኒ ፡ ትኩ
ላን ፡ ከመ ፡ አምድ ፡ እንበለ ፡ አንሰሐስሖ ፡ እስከ ፡ ተ<ዕ>ሥዕሉ ፡ ዕፄያት ፡
እምዕገሪሁ ፡ እስከ ፡ ርእሱ ፡ ከመ ፡ ዕፅ ፡ ይቡስ ፡ ዘተደነገጽ ፡ ነፍስ ፡ እም
ሰሚአ ፡ ቃሉ ፡ ወእንዘ ፡ ይትሐወሱ ፡ ዕፄያት ፡ ላእሌሁ ። ወእምዝ ፡ ተራ
ከብዎ ፡ ወተአምኅዎ ፡ ወበከዩ ፡ ላእሌሁ ፡ ወነገፍዎሙ ፡ ለዕፄያት ። ወይቤሎ

[1] Ms. ወሠግር

ሙ ፡ ኢትክልዕዎሙ ፡ ለዕዊያት ። እስመ ፡ ሢሳዮሙ ፡ ለነ ። ወይቤልዎ ፡ ሥ
ራይ ፡ ለነ ፡ ኦቀዱሱ ፡ ለእግዚአብሔር ። ወይ|ቤሎሙ ፡ አቡነ ፡ ዘዮሐንስ ፡ | 16 r° *b*
ቅዱሳን ፡ አንትሙ ፡ በኵሉ ፡ ግዕዝክሙ ፡ ወእምዝ ፡ ወሀብዎ ፡ ውእተ ፡ ዘአ
ምጽኡ ፡ ሎቱ ፡ ውእቱኒ ፡ ባረከ ፡ ሎሙ ፡ ወአኀደሮሙ ፡ በፍሥሐ ። እንዘ ፡
ይሚሕሮሙ ፡ ሕገ ፡ አግዚአበሔር ፡ ወእምዝ ፡ በሣኒታ ፡ ወሀቦሙ ፡ ሰላመ ፡
ወይቤሎሙ ፡ ንበሩ ፡ ውስተ ፡ ካልዕ ፡ ደሴት ፡ ዘይሰመይ ፡ ዕንጦንስ ። እስመ ፡
ኢይደልዎ ፡ ለመነኮስ ፡ ነቢር ፡ ምስለ ፡ አንስት ፡ ውእቶሙሰ ፡ ነበሩ ፡ ኀበ ፡
አዘዞሙ ፡ አቡነ ፡ ዘ|ዮሐንስ ፡ እስከ ፡ አዕረፉ ። ወእም ፡ አሚሃ ፡ እለት ፡ አ | 16 v° *a*
ውገዘ ፡ ከመ ፡ ትትባዕ ፡ ብእሲት ፡ ውስተ ፡ ደሴት ። ወኮነ ፡ በከመ ፡ ቃሉ ፡
እስከ ፡ ይእዜ ፡ ወለውእቱሰ ፡ አቡነ ፡ ዘዮሐንስ ፡ ተከሥቱ ፡ ሎቱ ፡ ብዙኃን ፡
ኅቡአን ፡ እለ ፡ ይብልዎሙ ፡ ጴጥሮስ ፡ ወፊልጶስ [1] ፡ ወስልዋኖስ ፡ ወተክለ ፡
መድኅን ። ወካልዓንሂ ፡ ብዙሓን ፡ ጻድቃን ፡ ወተራከብዎ ፡ ወገብሩ ፡ ጸሎተ ፡
ወይቤልዎ ፡ ንበር ፡ አንተ ፡ ወትኩንከ ፡ ለከ ፡ ርስተ ፡ ወለውሉድከ ፡ ወለው
ሉደ ፡ ውሉድከ ፡ ወዘንተ ፡ ብሂሎሙ ፡ ባረክዎ ፡ በበረከት ፡ መንፈሳዊት ።
ወእምዝ ፡ በኀዳጥ ፡ መዋዕል ፡ አዕረፉ ፡ እሙንቱሂ ፡ ኅቡአን ፡ አሐዱ ፡ እም
ደኀረ ፡ አሐዱ ፡ ወቀበሮሙ ፡ ውእቱ ፡ አባ ፡ ዘዮሐንስ ፡ ውስተ ፡ ይእቲ ፡ ደ
ሴት ፡ በረከተ ፡ ጸሎቶሙ ፡ ተሀሉ ፡ ምስሌነ ፡ አሚን ። ወለይእቲኒ ፡ ደሴት ፡
ሰመያ ፡ በስማ ፡ ለክብራ ፡ ብእሲቱ ፡ ለገብርአል ፡ መሰግር ፡ ከመ ፡ ኢይጥ
ፋዕ ፡ ዕሤታ ፡ ወእምዩእቲ ፡ እለት ፡ ተሰምየት ፡ በስመ ፡ ብእሲት ፡ እስከ ፡
ዛቲ ፡ እለት ፡ <ወ|እምይዕቲ ፡ እለት ፡ ተሰምየት ፡ በስመ ፡ ብእሲት ፡ እስ | 17 r° *a*
ከ ፡ ዛቲ ፡ እለት ፡> ወእምዝ ፡ በአሐቲ ፡ እለት ፡ እንዘ ፡ ያንሶሱ ፡ ከመ ፡ ይ
ርዓይ ፡ ኑኃ ፡ ወግድማ ፡ ወቆማ ፡ ለይዕቲ ፡ ደሴት ፡ ነጸረ ፡ ብዙኃነ ፡ ሰብአ ፡
እምደቡባ ፡ ለይእቲ ፡ ደብር ። ወይቤሎሙ ፡ ምንተ ፡ ትገብሩ ፡ ዝየ ። ወይ
ቤልዎ ፡ ነዓቀብ ፡ ወንጸንሕ ፡ ምጽአቶ ፡ ለከይሲ ፡ እስመ ፡ አዘዙነ ፡ አጋዕዝቲ
ነ ፡ ከመ ፡ ነሀቦ ፡ ሲሳዮ ፡ ለከይሲ ፡ አምላክነ ፡ ወሰብአ ፡ ብሔርሰ ፡ ይገብሩ ፡
በበዕብ|ሬቶሙ ፡ ወይሁብዎ ፡ ፩ ላህመ ፡ [[2]]ወ፩ ቀሱተ ፡ ሀሊብ ፡ ወ፩ በግዓ ፡ | 17 r° *b*
ለለእለቱ ፡ በከመ ፡ አዘዞሙ ፡ እግዚኦሙ ። ዘውእቱ ፡ ጃን ፡ ቹሐይ ፡ ወእን
ዘ ፡ ይትበሀሉ ፡ ከመዝ ፡ መጽአ ፡ ውእቱ ፡ ከይሲ ፡ እንዘ ፡ ያድለቀልቃ ፡ ለ

[1] Ms. ፊ''. — [2] Un mot effacé.

ምድር ፡ ውእቱሰ ፡ ዓተበ ፡ ላዕሌሁ ፡ በመስቀሉ ፡ በስመ ፡ ሥላሴ ። ወሰቤሃ ፡ ለ
ስሐ ፡ ኀምዙ ፡ ወይቤልዎ ፡ እሙንቱ ፡ እለ ፡ መጽኡ ፤ ኢታጥፍአነ ፡ በከንቱ ፡ ኦአ
ቡነ ፡ ወይቤሎሙ ፡ በስመ ፡ አምላኪየ ፡ እቀትሎ ። ወአንትሙሰ ፡ ትድኀኑ ፡ ኵ
| 17 vº a ል|ክሙ ፡ እምዝንቱ ፡ ከይሲ ፡ ዘውእቱ ፡ ኀዱር ፡ ላዕሌሁ ፡ ሰይጣን ። ወሶቤ
ሃ ፡ አሐዘ ፡ ይጸሊ ፡ ወይቤ ፡ ኦእግዚኦ ፡ ዘአድኃንኮ ፡ ለዳንኤል ፡ እምአምላ
ከ ፡ ባቢሎን ፡ ከይሲ ፡ ከማሁ ፡ አድኅነኒ ። ወለጊዮርጊስኒ ፡ እምአፈ ፡ ደራ
ጎን ፡ እስመ ፡ አንተ ፡ ላእለ ፡ ተኰላ ፡ ወከይሲ ፡ ትጼአን ፡ ወትከይድ ፡ አን
በሳ ፡ ወከይሲ ። ወዘንተ ፡ ብሂሎ ፡ ባረኮ ፡ ዳግመ ፡ ወሶቤሃ ፡ ወድቀ ፡ ውእ
| 17 vº b ቱ ፡ ከይሲ ፡ ወሞተ ፡ በኃይለ ፡ አምላኩ ፡ ለአቡነ ፡ አባ ፡ ዘ|ዮሐንስ ፡ ወሶ
በ ፡ ሰፈርዎ ፡ ኮነ ፡ ውእቱ ፡ ኑኍ፲፫ አመተ ፡ ወግድሙኒ ፡ ፲ አመተ ፡ ዘእንበለ ፡
ስዝር ፡ ወሖሩ ፡ እሙንቱሂ ፡ በሐመርሙ ፡ ወነገርሙ ፡ ለሰብአ ፡ ወንጀጣ ፡ ወ
ለኵሉ ፡ ብሔር ፡ በእንተ ፡ ሞተ ፡ ውእቱ ፡ ከይሲ ፡ ዘያመልክዎ ። ወእምዝ ፡
በውእቱ ፡ መዋዕል ፡ ሖረ ፡ ገዳመ ፡ ዘጌ ፡ ወተራከበ ፡ ምስለ ፡ ሰብአ ፡ ውእቱ ፡
ብሔር ፡ ወተፈሥሑ ፡ በምጽአቱ ። ኵሎሙ ፡ በምልዖሙ ፡ ወረሰይዎ ፡ ከመ ፡
| 18 rº a አቡ|ሆሙ ፡ መንፈሳዌ ፤ ወእምዝ ፡ ሰምዓ ፡ ጃን ፡ ቹሐይ ፡ ስዩመ ፡ አገው ፡
ሞቶ ፡ ለከይሲ ፡ እስመ ፡ ለለበዓል ፡ ይመጽእ ፡ ኵሎ ፡ ጊዜ ፡ ወይሰግድ ፡ ለ
ውእቱ ፡ ከይሲ ፡ ወይነግሮ ፡ ነገረ ፡ ወኵሎ ፡ ትካዞ ፡ ለጃን ፡ ቹሐይ ፡ ወፈነወ ፡
ሐራሁ ፡ ፍጡነ ፡ ወይቤሎሙ ፡ ለሐራሁ ፡ ኢያምስጥክሙ ፤ አሐዝዎ ፡ ለውእ
ቱ ፡ መነኮስ ፡ ቀታሌ ፡ ከይሲ ። ወአምጽእዎ ፡ ኀቤየ ። ወሶበ ፡ ሰምዓ ፡ ዘንተ ፡
| 18 rº b | አቡነ ፡ ዘዮሐንስ ፡ ከመ ፡ ተምዓ ፡ ጃን ፡ ቹሐይ ፡ በእንተ ፡ ሞተ ፡ ከይሲ ፡
ወጽአ ፡ እምገዳመ ፡ ዘጌ ፡ ወረከቦሙ ፡ ለሐራ ፡ እንዘ ፡ የሐሥሥዎ ፡ ርእዩ ፡
ኦአኃው ፡ ከመ ፡ ያፈቅሩ ፡ ጻድቃን ፡ አኃዊሆሙ ፡ እምርእሶሙ ፡ እምኢረከብ
ዎ ። አሚሃ ፡ ለአቡነ ፡ ውእቶሙ ፡ ሐራ ፡ እሞሰኑ [1] ፡ ወእምጠፍኡ ፡ ኵሉ ፡
አህጉር ። ወአቡነሰ ፡ ዘዮሐንስ ፡ አእሚሮ ፡ ዘንተ ፡ ኵሎ ፡ እምቅድመ ፡ ይ
| 18 vº a ኵን ፡ ወጽአ ፡ እምሀገር ፡ ለቀበላ|ሆሙ ፡ ወእምዝ ፡ አኃዝዎ ፡ ወወሰድዎ ፡
በጕጕዓ ፡ ኀበ ፡ እግዚኦሙ ። ወሶበ ፡ በጽሐ ፡ ኀቤሁ ፡ ይቤሎ ፡ ጃን ፡ ቹሐ
ይ ፡ ለአቡነ ፡ ዘዮሐንስ ፡ ለምንት ፡ ቀተልኮ ፡ ለከይሲ ፡ ዘአመልኮ ፡ አነ ፡ ወ
መኑ ፡ ዘአገበረከ ፡ ትቅትል ። ወይቤሎ ፡ አቡነ ፡ ዘዮሐንስ ፡ አልቦ ፡ አምለክ ፡

[1] Ms. እማሰነት ፡

ዘእንበለ ፡ እግዚእየ ፡ ኢየሱስ ፡ ክርስቶስ ። ወሶበ ፡ ይቤሎ ፡ ከመዝ ፡ አቡነ ፡
ዘዮሐንስ ፡ ውእቱ ፡ ዕልው ፡ አዘዘ ፡ ከመ ፡ ይሞቅሕዎ ፡ ወይዘብጥዎ ፡ በድቡ
ሳት ፡ ወ|ይሙት ፡ በህየ ። ወእምዝ ፡ አሰርዎ ፡ በጽኑእ ፡ ሰናስል ፡ እስከ ፡ | 18 rº b
ይውኅዝ ፡ ደሙ ፡ ዲበ ፡ ምድር ፡ ወነበረ ፡ ሙቁሐ ፡ ውስተ ፡ አመዳሚት ፡
ወእምዝ ፡ ሰምዓ ፡ ንጉሥ ፡ አምደ ፡ ጽዮን ፡ ከመ ፡ ተሞቅሐ ፡ አቡነ ፡ ዘዮሐ
ንስ ፡ ፈነወ ፡ ብዙኃነ ፡ ሐራ ፡ እንዘ ፡ ይብል ፡ ለእመ ፡ ኢፈታሕኮ ፡ ለውእቱ ፡
መነኮስ ፡ ኢይከውን ፡ ሰላም ፡ ማዕከሌየ ፡ ወማዕከሌከ ። ወሶበ ፡ ዓለየ ፡ አ
ዘዘ ፡ ይቀትልዎ ፡ ለውእቱ ፡ ዕቡይ ፡ ወእምዝ ፡ ቀተልዎ ፡ | ወሞተ ፡ በህየ ፡ | 19 rº a
ውእቱ ፡ ዕቡይ ፡ ጃን ፡ ቹሐይ [1] ፡ ወለአቡነሰ ፡ ዘዮሐንስ ፡ ፈትሕዎ ፡ እማሰሩ ፡
ወንጉሥኒ ፡ አምደ ፡ ጽዮን ፡ መጽአ ፡ ኀቤሁ ፡ በፍሥሐ ፡ ዓቢይ ። ከመ ፡ ይት
ባረክ ፡ እምኀበ ፡ አቡነ ፡ ዘዮሐንስ ፡ ወእምዝ ፡ ተባረከ ፡ እምኔሁ ፡ ወይቤሎ ፡
ንጉሥ ፡ አምደ ፡ ጽዮን ፡ ተመነይ ፡ ዘእሁበከ ፡ ወይቤሎ ፡ አቡነ ፡ ዘዮሐን
ስ ፡ ሚጠኒ ፡ ኀበ ፡ ዘትካት ፡ ህላዌየ ፡ ወይቤሎ ፡ ንጉሥ ፡ ወሀብኩከ ፡ ወወ
ሀቦ ፡ ብዙኃ ፡ ጒልተ ፡ እምድረ ፡ አዳማ ፡ | እስከ ፡ ባሕር ፡ እስከ ፡ ወሰና ፡ ለ | 19 rº b
ግዮን ፡ እስከ ፡ ቱምሐ ። ወእስከ ፡ አገው ፡ ወወሀቦ ፡ ኪዳነ ፡ ወዝንቱ ፡ አቡነ ፡
ዘዮሐንስ ፡ አጒለተ ፡ ዘንተ ፡ ኵሎ ፡ በፈቃደ ፡ ንጉሥ ፡ አምደ ፡ ጽዮን ፡ ወሰ
መዮ ፡ ለአቡነ ፡ ዘዮሐንስ ፡ ጃን ፡ ጽጌ ፡ ወለወንጀጣዊ ፡ ሰመያ ፡ ጃን ፡ ገበር ፡
ወለገዳመ ፡ ዘጊኒ ፡ ሰመያ ፡ አርዘ ፡ ሊባኖስ ፡ እስመ ፡ ብሔሩ ፡ ይእቲ ፡ ወ
ዘንተ ፡ ኵሎ ፡ እምድኅረ ፡ ፈጸመ ፡ ንጉሥ ፡ አምደ ፡ ጽዮን ፡ ተሰነዓሎ ፡ በፍ
ሥሐ ፡ ወአቡነሂ ፡ ዘዮሐንስ ፡ ወ | ሀቦ ፡ ሰላመ ፡ ወሖረ ፡ በፍሥሐ ፡ ወበሰላ | 19 vº a
ም ፡ ወእምዝ ፡ አንጸራ ፡ ለፍኖት ፡ አቡነ ፡ ወእንዘ ፡ የሐውር ፡ መንገለ ፡ ደ
ሴት ፡ ረከበ ፡ ብዙኃነ ፡ እውራነ ፡ ወሐንካሳነ ፡ ወጽውሳነ ፤ ዘለለዚአሁ ፡ ደ
ዌሆሙ ። ወፈወሶሙ ፡ በህየ ፡ ወእምኔሆሙ ፡ መጽአ ፡ ዘአሐዞ ፡ ሕማመ ፡ ዝ
ልጋሴ ። ወይቤሎ ፡ ብቍዓኒ ፡ ኦአቡየ ፡ ወፈውሰኒ ፡ እምዝንቱ ፡ ደዌየ ፡ እስ
መ ፡ አአምር ፡ ከመ ፡ ትክል ፡ ፈውሶትየ ፤ ወይቤሎ ፡ አቡነ ፡ | እምአይ ፡ ዘ | 19 vº b
መን ፡ ዘረከበከ ፡ ወይቤሎ ፡ እንዘ ፡ እትሐጸብ ፡ ውስተ ፡ ፈለገ ፡ ዓባ[ይ] ፡ ረከ
በኒ ፡ ወእምዝ ፡ ዓተበ ፡ ላእሌሁ ፡ በትእምርተ ፡ መስቀል ፤ ወተፈወሰ ፡ ሶ
ቤሃ ፡ ወኮነ ፡ ከመ ፡ ዘኢለከፎ ፡ ደዌ ፡ ወእምዝ ፡ ተለዎ ፡ ወኮኖ ፡ ረድኦ ፡

[1] Ms. ቸ''.

ወስሙ ፡ ለውእቱ ፡ ብእሲ ፡ መልከ ፡ ጼዴቅ ፡ ወእምዝ ፡ መንኰሰ ፡ በእዴሁ ፡
ለአቡነ ፡ ዘዮሐንስ ፡ ወበዊኦ ፡ ውስተ ፡ ይእቲ ፡ ሀገር ፡ ገሠጸሙ ፡ ለሰብአ ፡
| 20 r° *a* ዚአሃ ፡ ወሚጦ|ሙ ፡ [፧ ፧ ፧ [1]] ፍኖተ ፡ ስኅተት ፡ ወአብኦሙ ፡ ውስተ ፡ ፍኖተ ፡
እግዚአብሔር ። ወእምዝ ፡ ቦአ ፡ ውስተ ፡ ደሴተ ፡ ክብራን ፡ ወገብረ ፡ ምጽ
ላለ ፡ በዘያሰምክ ፡ ርእሶ ፡ ወተጋብኡ ፡ ብዙኃን ፡ ሰብእ ፡ እድ ፤ ወአንስት ፡
ወኮኑ ፡ ማኅበረ ፡ ወለአንስትሰ ፡ ረሰዮን ፡ ውስተ ፡ ደብረ ፡ እንጦንስ ። ወተፈ
ሥሑ ፡ ኵሎሙ ፡ በምልኦሙ ፡ ወኮኑ ፡ ከመ ፡ ዘበ፪ልብ ፡ ወበ፪ሕሊና ፡ እድ
| 20 r° *b* ኒ ፡ ወአንስትኒ ፡ አዕሩግኒ ፡ ወደቂቅኒ ፡ ወጠፍአ ፡ አበሳ ፡ | ወኃጢአት ፡ በዘ
መኑ ፡ ወበውእቱ ፡ መዋዕል ፡ ሐነጸ ፡ ቤተ ፡ ክርስቲያነ [2] ፡ በስመ ፡ ቅዱስ ፡
ገብርኤል ፡ ውእቱ ፡ አቡነ ፡ ዘዮሐንስ ፡ ወእምዝ ፡ ሖረ ፡ በይእቲ ፡ ደመና ፡
ጾረቶ ፡ ወአብጽሐቶ ፡ ኀበ ፡ አንቀጸ ፡ ኢየሩሳሌም ፡ በከመ ፡ ልማዱ ፡ ወእም
ህየ ፡ ተራከበ ፡ ምስለ ፡ ሊቀ ፡ ጳጳሳት ፤ አባ ፡ ዮሐንስ ፡ ወዜነዎ ፡ መጽአቶ ፡
እምጥንቱ ፡ እስከ ፡ ተፍጻሚቱ ። ወቀደሰ ፡ ሎቱ ፡ ሊቀ ፡ ጳጳሳት ፡ ታቦተ ፡
| 20 v° *a* ወእምዝ ፡ መጽአ|ት ፡ ይእቲ ፡ ደመና ፡ ወአብጽሐቶ ፡ ውስተ ፡ ደሴተ ፡ ክብ
ራን ፡ በከመ ፡ ልማዱ ፤ ወእምዝ ፡ ኮነ ፡ ካህነ ፡ ውእቱ ፡ ለሊሁ ፡ ላእለ ፡ ሥ
ጋሁ ፡ ወደሙ ፡ ለክርስቶስ ፡ እንዘ ፡ ይትራድእዎ ፡ ጴጥሮስ ፡ ወዮሐንስ ፡ በየ
ማኑ ፡ ወበጸጋሙ ። ወተቀደሰት ፡ ቤተ ፡ ክርስቲያን ፡ በኵሉ ፡ ሕገጊሃ ፡ ወተ
መልዓት ፡ አየር ፡ ትፍሥሕተ ። ወእምድኅረ ፡ ዝንቱ ፡ በብዙሕ ፡ መዋዕል ፡
| 20 v° *b* ይቤሎሙ ፡ ለደቂቁ ፡ አንሰ ፡ እነብር ፡ በጽሙና ፡ ወእጼሊ ፡ ለክሙ ፡ | ወሊ
ተ ፡ ኮኒኒ ፡ ፫ወ፫መዋዕል ፡ ወልህቁ ፡ ወአሐዘኒ ፡ ድካም ፡ ወአባ ፡ መልከ ፡
ጼጼቅ ፡ ይፈጽም ፡ ኵሎ ፡ ትካዘክ[ሙ ፡] ወመፍቀደክሙ ። ወእምዝ ፡ ኮነ ፡
ውስተ ፡ ጽማዌ ፡ ወብሕታዌ ፡ እ[ን]ዘ ፡ እግዚአብሔር ፡ ይረድኦ ፡ በኵሉ ፡
ፍናዊሁ ፡ ወኮነ ፡ ይስእን ፡ ሐዊረ ፡ ኀበ ፡ ቤተ ፡ ክርስቲያን ፡ ወበዓቢይ ፡ ፃ
ማ ፡ የሐውር ፡ ወይገብእ ፡ ኀበ ፡ ዘትካት ፡ ህላዌሁ ። ወእምዝ ፡ ኮኖ ፡ ውስ
| 21 r° *a* ተ ፡ ይእቲ ፡ ማኅደር ፡ ፲ዓመተ ፡ ወልህቀ ፡ ፈድ|ፋደ ፡ ወያተሐት ፡ ርእሶ ፡
ዲበ ፡ ምድር ፡ እምብዝኃ ፡ ልህቀናሁ ። ወተጸምዶቱ ፡ ወፍድፋድ ፡ ገ[ድ]ሉ ፡
እንዘ ፡ ይሴፎ ፡ መንግሥተ ፡ ሰማያት ፡ ተድላሃ ፡ ዘኢይትነገር ። ለአለመ ፡ ዓ

[1] Le copiste avait écrit ውስተ, qui a été effacé après. On attendrait እምነ ፡ —
[2] *Sic* ms ; l'état construit est traité comme un composé.

ለም ። ወእምዝ ፡ አ[መ ፡] ፲ለወርኃ ፡ ሐምሌ ፡ ለጸቢሐ ፤ አርብ ፡ እንዘ ፡ ይ
ጼሊ ፡ ወእንዘ ፡ ስጉድ ፡ ገጹ ፡ ዲበ ፡ ምድር ፡ መጽአ ፡ እግዚእነ ፡ ወአም
ላክነ ፡ ኢየሱስ ፡ ክርስቶስ ፡ ለዘክሮቱ ፡ ይደሉ ፡ ሰጊድ ። ወምስሌሁ ፡ ሚካ
ኤል ፡ ወገብርኤል ፡ ወይቤሎ ፡ ኦኅሩይየ ፡ አበ ፡ ዘዮሐንስ ፡ መጻእ|ኩ ፡ ኀቤከ ፡ | 21 r° *b*
ከመ ፡ አዕርፍ[ከ] ፡ እምፃማ ፡ ውስተ ፡ ዕረፍት ፡ እምሕማም ፡ ውስተ ፡ ሕይ
ወት ፡ እምዝንቱ ፡ ዓለም ፡ ውስተ ፡ ገነተ ፡ ትፍሥሕት ፡ ኀበ ፡ ዘኢርዕየ ፡ ዓይ
ን ፡ ወኢሰምዓ ፡ ዕዝን ። ወዘንተ ፡ ብሂሎ ። ወሀቦ ፡ ኪዳነ ፡ ለዘይጼውዕ ፡ ስ
ሞ ። ወይገብር ፡ ተዝካሮ ፡ ኢይትኃጣዕ ፡ በረከት ፡ እምኔሁ ፡ ወለዘሂ ፡ ይጽ
ሕፍ ፡ ገድለከ ፡ አው ፡ ዘያነብቦ ፡ ይከውን ፡ በኀቤየ ፡ ኅሩየ ፡ ወሥሙረ ፡ ከ
መ ፡ መልከ ፡ ጼዴቅ ፡ ካህን ፡ ዘተመሰለ ፡ ኪያየ ፡ ወዘ|ኀለየ ፡ ማኅሌተ ፡ በበ | 21 v° *a*
ዓልከ ፡ ይከውን ፡ ዘውኀሙ ፡ ለመላእክትየ ፡ ወለእሉኒ ፡ ደቂቅከ ፡ ረሰይክዎሙ ፡
አምሳሊሆሙ ፡ ለሰማያው[ያ]ን ፡ ወለዛቲኒ ፡ ደሴት ፡ ረሰይዋ ፡ ከመ ፡ ኢየሩሳ
ሌም ፡ ሀገርየ ፡ ወከመ ፡ ደብረ ፡ ዘይት ፡ ወደብረ[፡]ሲና ፡ ዘወሀብኩ ፡ ላቲ ፡
ሕገ ። ለሙሴ ፡ ገበርየ ፡ ወኢይትኃጣዕ ፡ እምኔሁ ፡ በረከትየ ። ወኢይትፈለ
ጥ ፡ እምኔሃ ፡ አነ ፡ ወፈድፋደሰ ፡ በእለተ ፡ ጥምቀትየ ። ኀበ ፡ ዛቲ ፡ መኔ
ትከ ። ወይኩን ፡ መራጉ|ቲሃ ፡ ለዛቲ ፡ ደሴት ፡ ወለኢየሩሳሌም ፡ ሀገርየ ፡ ኅ | 21 v° *b*
ቡረ ፡ በ፩ወኢይኩን ፡ ውስተ ፡ ዛቲ ፡ ብሔር ። ሞተ ፡ ሕፃናት ፡ ወወራዙት ።
ዘእንበለ ፡ ንስሓ ፡ ወኢይትኃጣዕ ፡ ጸሎት ፡ እምኔሃ ፤ እስከ ፡ ለዓለመ ፡ ዓለ
ም ። ወዘንተ ፡ እምድኅረ ፡ ተናገሮ ፡ እግዚእነ ፡ ለአቡነ ፡ ዘዮሐንስ ፡ ወሀቦ ፡
ሰላመ ፡ ወዓርገ ፡ ኀበ ፡ ዘቀዳሚ ፡ ኅላዌሁ ፤ ምስለ ፡ መላእክቲሁ ፡ ቅዱሳን ፡
ወአቡነሂ ፡ ኃደረ ፡ ኵላ ፡ ሌሊተ ። በፍሥሓ ፡ ወበሰላም ፡ እንዘ ፡ ኢይጥዕም ፡
ምንተኒ ። እምብዝኃ ፡ ፍ|ሥሐሁ ፡ ወዓቢይ ፡ ጸጋሁ ፡ ዘመጠነዝ ፡ ተውኅበቶ ፡ | 22 r° *a*
ዘኢተኀበ[ተ] ፡ ለካልዓኒሁ ፡ ቅዱሳን ፡ ጻድቃን ። ወእምዝ ፡ በ፲እለት ፡ አስተ
ጋብኦሙ ፡ ለደቂቁ ፡ አሐተኔ ፡ ወይቤሎሙ ፡ አንሰ ፡ አአምር ፡ ከመ ፡ ቀርበ ፡
ፍልሰትየ ፡ እምዝ ፡ ዓለም ። ወአንትሙ ፡ ንበሩ ፡ በ፩ልብ ፡ ወበ፩ሕሊና ፡ ወ
ይኩን ፡ ተጋብኦትክሙ ፡ ውስተ ፡ ቤተ ፡ ክርስቲያን ፡ በጸሎት ። ወኢትኩኑ ፡
ሐካይያን ፡ ወአፍቅሩ ፡ ነገደ ፡ እንዘ ፡ ኢታስተዓፅቡ ። ወኵልክሙ ፡ ተመሐር
ዋ ፡ ለአስሕቶ ፡ ርእስክሙ ፡ | እስመ ፡ እግዚአብሔር ፡ ያኀሥሮሙ ፡ ለዕቡ | 22 r° *b*
ያን ፡ ወያከብሮሙ ፡ ለእለ ፡ ያቴሕቱ ፡ ርእሶሙ ፡ በከመ ፡ ይቤ ፡ ሐዋርያ ፡

ወኢትኩኑ ፡ መፍቀርያነ ፡ ወርቅ ፡ ወብሩር ። ወኢታፍቅሩ ፡ ውዳሴ ፡ ከንቱ ። እስመ ፡ ውዳሴ ፡ ከንቱ ፡ ያጠፍዕ ፡ ጽድቀ ፡ እግዚአብሔር ። ወብዙኃ ፡ ነገረ ፡ መዓዶሙ ። ወይቤሎሙ ፡ ኢይረስ ፡ ንዋየክሙ ፡ ካልዕ ፡ ብእሲ ፡ አላ ፡ ይኩን ፡ ለዘይረድአክሙ ፡ በሐይወትክሙ ፡ ወዓዲ ፡ ይቤሎሙ ፡ ይኩን ፡ አበ ፡ ህየ [22 vº a] ንቴየ ፡ አባ ፡ | መልከ ፡ ጼዴቅ ። እስመ ፡ ውእቱ ፡ ሥሙር ፡ በኀበ ፡ እግዚአብሔር ፡ ወበኀቤየ ። ወእምድኅረ ፡ ይቤ ፡ ዘንተ ፡ ተአምኖዎ ፡ ወተባረኩ ፡ እምኔሁ ፡ ኵሎሙ ። ወበከዩ ፡ ወይቤልዎ ፡ ለመኑ[1] ፡ ተኃድገነ ፡ ወለመኑ ፡ ንነግር ፡ ኃዘነነ ፡ ወትካዘነ ። ወዘንተ ፡ ብሂሎሙ ፡ በከዩ ፡ ብካየ ፡ መሪረ ፡ ውእቱኒ ፡ በከየ ፡ ምስሌሆሙ ፡ ወኢያኀደጎሙ ፡ ወኮነ ፡ ብዙሐ ፡ አውያት ፡ ወሶ [22 vº b] በ ፡ ኮነ ፡ ጽባሐ ፡ ሰንበት ፡ ተመጠወ ፡ ሥጋሁ ፡ ወደሙ ፡ ለክርስቶስ ፡ | ወእምዝ ፡ ሐመ ፡ ንስቲተ ፡ ወአዕረፈ ። አመ ፡ ፳ወ፬ ለወርኃ ፡ ሐምሌ ፡ እንዘ ፡ መዋዕሊሁ ፡ ፲ወ፰ዓመት ፡ ወእምኔሃ ፡ ፳ወ፰ዓመት ፡ በቤተ ፡ አቡሁ ፡ ወተልዕኮ ፡ ነበረ ፡ ፳ወ፰ዓመት ፡ ወበተሐውሶ ፡ ነበረ ፡ ፳ዓመተ ፡ ወበደሴተ ፡ ክብራን ፡ ነበረ ፡ ፴ወ፰ ፡ ዓመተ ። ወተቀበልዎ ፡ መላእክት ፡ እንዘ ፡ ይብሉ ፡ ዘጻመወ ፡ በዓለም ፡ የሐዩ ፡ ለዝሉፉ ፡ ዝክረ ፡ ጻድቅ ፤ ለዓለም ፡ ይሄሉ ። [23 rº a] ወዓዲ ፡ ሞቶሙሰ ፡ ለጻድቃን ፡ ሐይወቶሙ ፡ ውእቱ ፡ ወተመልዓት ፡ አ|የር ፡ በትፍሥሕት ፡ ዘለዓለም ፡ ዘኢየሐልቅ ። ወመጽኡ ፡ አሚሃ ፡ አባ ፡ ተክለ ፡ ሃይማኖት ፡ ወኵሎሙ ፡ ደቂቁ ። ወአባ ፡ ኤዎስጣቴዎስ ፡ ወአባ ፡ እንጦንዮስ ፡ ወካልዓን ፡ ቅዱሳን ፡ እለ ፡ አልቦሙ ፡ ኍልቈ ፡ ወይቤልዎ ፡ ነዓ ፡ ምስሌነ ። እስመ ፡ ክቡር ፡ ሞቱ ፡ ለጻድቅ ፡ በቅድመ ፡ እግዚአብሔር ። ወነበረ ፡ ነሀሉ ፡ ውስተ ፡ ዕረፍት ፡ ዘለዓለም ። ወእምኃዘን ፡ ውስተ ፡ ትፍሥሕት ፡ ዘኢየ [23 rº b] ሐልቅ ። ወእምዝ ፡ መጽኡ ፡ ሰብአ ፡ ሀገር ፡ ሰሚዖሙ ፡ ክላሆሙ ፡ ለ|ደቂቁ ፤ ወኵሉ ፡ ደወለ ፡ ውእቱ ፡ ብሔር ፡ እምንዑሶሙ ፡ እስከ ፡ ዓቢዮሙ ፡ ወወድቁ ፡ በገጾሙ ፡ ዲበ ፡ ምድር ፡ ወአብያተ ፡ መነኮሳት ፡ ወመበለታት ፡ ኮነ ፡ ከመ ፡ ማየ ፡ ዝናም ፡ እምብዝኃ ፡ አንብዕ ፡ ዘኢይትከሀል ፡ ለነጊር ። ወእምዝ ፡ አምጽኡ ፡ ዕጣነ ፡ ወአኃዙ ፡ ይዘምሩ ፡ ካህናት ፡ በከመ ፡ ሥርዓት ፡ ዓበው ፡ ምውታን ። ወወሰድዎ ፡ ውስተ ፡ ቅድስት ፡ ቤተ ፡ ክርስቲያን ። እንዘ ፡ ይዜምሩ ፡ በማኅሌት ፡ መኑ ፡ ዘይክል ፡ ይትናገር ፡ ዘኮነ ፡ በይዕቲ ፡

[1] *Sic.* ms.

ዐለት ፡ | ወበይእቲ ፡ ሰዓት ። ወ፩ብእሲ ፡ ይቤ ፡ ሰማዕኩ ፡ ለሚሃ ፡ ከመ ፡ | 23 vº *a*
መለአ[ክ]ት ፡ ወረዱ ፡ እምሰማይ ፡ ምስለ ፡ ማዕጠንት ፡ ወአክላት ፡ ንጹሕ [1] ፡
ወበዝንቱ ፡ ነገር ፡ ለብዙኃን ፡ ኅብረ ፡ ስምዖሙ ፡ ወነገሮሙ ፡ ከመ ፡ እሙን ፡
ውእቱ ፡ ወካህናትኒ ፡ ወአሉ ፡ እንዘ ፡ ይሴብሑ ፡ ወይዜምሩ ፡ በማኅሌት ፡ ወ
ቀበርዎ ፡ ዐደው ፡ ጻድቃን ፡ ውስተ ፡ ቤተ ፡ ክርቲያን ፡ ማዕከለ ፡ ቅድስት ፡
ወእምዝ ፡ ገብሩ ፡ ተዝካሮ ፡ በከመ ፡ ይደሉ ፡ | ወእስከ ፡ ይእዜ ፡ ይገብሩ ፡ | 23 vº *b*
ተዝካሮ ፡ ደቂቁ ፡ ኵሎሙ ፡ መሐይምናን ። ወውእቱኒ ፡ ይገብ[ር] ፡ ተአም
ረ ፡ ወመንክረ ፡ ለለእለቱ ፡ እስከ ፡ ይእዜ ። ጸሎቱ ፡ ትዕቀቦ ፡ ለገብሩ [2] ። ወ
ትትመሐጸነነ ፡ ለኵልነ ፡ እለ ፡ ተጋባዕነ ፡ ውስተ ፡ ቅድስት ፡ ቤተ ፡ ክርስቲ
ያን ። ካህናት ፡ ወዲያቆናት ፡ ዕድ ፡ ወአንስት ፡ አዕሩግ ፡ ወሕፃናት ፡ ከመ ፡
ንርከብ ፡ በረከቶ ፡ ወንሳተፍ ፡ ምስሌሁ ፡ ኅቡረ ፡ በዘይመጽአ ፡ ዓለም ፡ ወንን
ሣዕ ፡ ክፍለ ፡ ከማ|ሁ ፡ ለዘንጼውዕ ፡ ስሞ ፡ ወለዘንገብር ፡ ተዝካሮ ፡ ወንሴ | 24 rº *a*
ሮ ። ኪዳነ ፡ ዘተካየድ ፡ ምስለ ፡ እግዚሉ ፡ በቃሉ ፡ ጽኑዕ ፡ ዘ<ሊ>ይሔሉ ፡
ለዓለመ ፡ ዓለም ፡ አሚን ፡ ወአሚን ። ለይኩን ፡ ለይኩን ።
ዘንተኒ ፡ ዘጸሐፍነ ፡ ኦኮ ፡ ተሀቢለነ ፡ ወሰሚዓነ ፡ እምካልዓን ፡ መብህላን ፡ አ
ላ ፡ እምቃሉ ፡ ጽዱቀ ፡ ወእምቃሎሙ ፡ ለደቂቁ ፡ ጻድቃን ፡ እምእለ ፡ ከማ
ሁ ፡ ቀሩባን ፡ ወኢሀሎ ፡ ሐሰት ፡ ውስተ ፡ ዝንቱ ፡ ነገር ፡ ወሰማዕነ ፡ በከመ ፡
ንቤ ፡ | ቀዳሚ ። እስመ ፡ ይቤ ፡ መጽሐፍ ፡ በዘሰማዕነ ፡ ንነግር ፡ ወበዘርኢነ ፡ | 24 rº *a*
ሰማዕተ ፡ ንከውን ፡ ወከማሁ ፡ ውእቱ ፡ ቃልነ ፡ ወአልቦ ፡ ሐሰት ፡ ውስተዝ ፡
ነገር ። ወይእዜኒ ፡ ለዘጸሐፎ ፡ ወለዘአጽሐፎ ፡ ወለዘአንበቦ ፡ ወዘሰምዓ ፡ ቃላ
ቲሁ ፡ ኅቡረ ፡ ያስምዓነ ፡ ቃለ ፡ ፍሥሐ ። እግዚእነ ፡ ኢየሱስ ፡ ክርስቶስ ፡ በ
ጸሎቱ ፡ ለአቡነ ፡ ዘ[ዮሐንስ ፡] ብእሲ ፡ ጻድቅ ፡ ወምዕመን ፡ ዘዓቀቦ ፡ ሃይማ
ኖተ ፡ እስከ ፡ ነፍሰ ፡ ደኃሪት ፡ ለዓለም ፡ አሚን ፡

[1] *Sic* ms. — [2] L'espace prévu pour le nom est resté en blanc; une main maladroite a ajouté au crayon un nom, dont le second élément est *Māryām*.

II

MIRACLES DE ZA-YOḤANNES

| 24 v° a | ወዓዲ ፡ ናየድዕ ፡ ሕዳጠ ፡ ተአምሪሁ ፡ ለአቡነ ፡ ዘዮሐንስ ፡ ጸሎቱ ፡ ወበ
ረከቱ ፡ የሀሉ ፡ ምስለ ፡ ገብሩ ፡ ወልደ ፡ ማርያም ፡ ለዓለመ ፡ ዓለም ፡ አሚ
ን ። ወኮነ ፡ እንዘ ፡ ሀሎ ፡ በደሴተ ፡ ክብራን ፡ ምስለ ፡ ማኅበር ። ወሀሎ ፡ ሕ
ፃን ፡ ምስለ ፡ ማኅበር ። እስመ ፡ አሚሃ ፡ ኢያብጽሐ ፡ ውርዛዌ ፡ እላ ፡ ማ
ዕከላይ ፡ ውእቱ ። ወእምዝ ፡ ሶበ ፡ ኃጥዓ ፡ ዘይትለአክ ፡ ለግብረ ፡ ማኅበር ፡
| 24 v° b ጸውኦ ፡ አቡነ ፡ ዘ[ዮሐንስ ፡] እንበለ ፡ ፈቃዱ ፡ | እስመ ፡ ያአምር [1] ፡ ቦቱ ፡
ከመ ፡ ዕቡይ ፡ ውእቱ ። ወእምዝ ፡ ዓለየ ፡ ውእቱ ፡ ሕፃን ፡ ለአቡነ ፡ ዘ[ዮሐ
ንስ ፡] ወዳገመ ፡ ወሠልሰ ፡ ጸውኦ ። ወእምዝ ፡ ዓበዮ ። ወሶበ ፡ ኢኮነ ፡ ሎ
ቱ ፡ ይቤሎ ፡ ለያፍጥን ፡ ሥራዊከ ፡ እንዘ ፡ እሬኢ ፡ አነ ፡ ወዘእንበለ ፡ ይትፈ
ጸም ፡ ቃል ፡ እምአፉሁ ፡ ግብተ ፡ ሞተ ፡ በጊዜሁ ፡ ወእለ ፡ ርእዩ ፡ አንከሩ ፡
ወዓስተዓፀቡ ። ዘንተ ፡ ወይቤልዎ ፡ ደቂቁ ፡ መነኮሳት ፡ በከመ ፡ አበሳነ ፡ ኢ
| 25 r° a ትፍድየነ ። አላ ፡ ኅድግ ፡ ለነ ፡ ኃጢአተነ ፡ ወለ|ዝንቱኒ ፡ ዕቡይ ፡ ተሣሃሎ ፡
ወኢፍድዮ ፡ በከመ ፡ አበሣሁ ፡ ወአሚሃ ፡ ተራኅርኃ ፡ ልቡ ፡ ለአቡነ ፡ ዘዮሐ
ንስ ፡ ወጸለየ ፡ ኀበ ፡ አምላኩ ፡ ወይቤ ፡ በጥቃ ፡ መዓትከ ። ሀሎ ፡ ምሕረ
ትከ ፡ እግዚኦ ፡ ወአንሥኦ ፡ እሞት ፡ በከመ ፡ አንሣዕኮ ፡ ለአልዓዛር ፡ እመ
ቃብር ። ወበጊዜሁ ፡ ተንሥአ ፡ ውእቱ ፡ ሕፃን ፡ ሕያዎ ፡ ወበጊዜሁ ፡ ሰብሕዎ ፡
እለ ፡ ርእዩ ። ወእምዝ ፡ ይቤሎሙ ፡ ውእቱ ፡ አቡነ ፡ ኢይረስ ፡ ወልድ ፡ ን
| 25 r° b ዋየ ፡ አቡሁ ፡ አላ ፡ ይኵን ፡ | ለረድዕ ፡ ወዝንቱኒ ፡ ቃሉ ፡ ሀሎ ፡ እስከ ፡ ይ
እዜ ፡ ለአርዕዮ ፡ ትእምርት ፡ እንዘ ፡ ይትገበር ፡ ወይከውን ፡ ጸሎቱ ፡ ወኀብ
ተ ፡ ረድኤቱ ፡ ለአቡነ ፡ ዘዮሐንስ ፡ የሀሉ ፡ ምስለ ፡ ገብሩ ፡ ወልደ ፡ ማርያ
ም ፡ ለዓለመ ፡ ዓለም ፡ አሜን ።

ተአምሪሁ ፡ ለአቡነ ፡ ዘዮሐንስ ፡ ጸሎቱ ፡ ወበረከቱ ፡ የሀሉ ፡ ምስለ ፡ ገብ
ሩ ፡ ወልደ ፡ ማርያም ፡ ለዓለመ ፡ ዓለም ፡ አሜን ። ወኮነ ፡ እንዘ ፡ ሀሎ ፡ አ

[1] Ms. ዮ''

ቡነ ፡ ዘዮሐንስ ፡ በምድረ ፡ ትግሬ ፡ ዘውእቱ ፡ [ሐ]ማሴን ፡ ወሀ|ለው ፡ ሰብአ ፡ | 25 vº *a*
ሰራቅያን ። ወማዕከሌሆሙ ፡ ሀሎ ፡ ፩ነዳይ ፡ ወተሣየጠ ፡ ውእቱ ፡ ነዳይ ፡
፩ብእራየ ፡ ወለውእቱ ፡ ሰረቆሙ ፡ በልዕዎ ፡ ውእቶሙ ፡ ሐያድያን ። ወለአ
ሚር ፡ ውእቱ ፡ ነዳይ ። ይቤሎሙ ፡ ሰረቅሙኒ ፡ አንትሙ ፡ ወይቤልዎ ፡ እሙ
ንቱ ፡ ፈያት ፡ አምጽአ ፡ ሰማዕተ ፡ ወንስማዕ ። ወኮነ ፡ ጽልዕ ፡ በእንተ ፡ ዝ
ንቱ ፡ ነገር ፡ ወእንቡዘ ፡ ኮነ ፡ ውእቱ ፡ ነዳይ ። እስመ ፡ አንበዘ ፡ ንዴት ፡ ወ
ሀሎ ፡ ምስ|ሌሆሙ ፡ ውእቱ ፡ አቡነ ፡ ዘዮሐንስ ፡ ወይሰምዕ ፡ ነገሮሙ ፡ እም | 25 vº *b*
ጥንቱ ፡ እስከ ፡ ተፍጻሜቱ ። ወእምዝ ፡ ሖረ ፡ ኀበ ፡ ሀለወ ፡ ሥጋሁ ። ውእ
ቶሙሰ ፡ ገቢሮሙ ፡ በመቅጹት ፡ ያውዕዩ ፡ እሳተ ፡ ከመ ፡ ይኩን ፡ ለድራር ፡
ወሐዊሮ ፡ አቡነ ፡ ዘዮሐንስ ፡ ጸውኦ ፡ በቃሉ ፡ ለውእቱ ፡ ብዕራይ ፡ እንዘ ፡
ይብል ፡ ተናገር ፡ ኦብዕራይ ፡ ወንብብ ፡ ጽድቀ ። ወእምዝ ፡ ተንሥአ ፡ ውእ
ቱ ፡ ብዕራይ ፡ ወነገሮሙ ፡ ከመ ፡ እሙን ፡ ውእቱ ። ወይቤሎሙ ፡ | ጽባሐ ፡ | 26 rº *a*
ሰረቁኒ ። ወይእዜኒ ፡ በከመ ፡ ትሬእዩኒ ፡ ተንሣዕኩ ፡ በጸሎቱ ፡ ለአቡክሙ ፡
ዘዮሐንስ ፡ ወለምንት ፡ ኢያአመርክምዎ ፡ ለአቡነ ፡ ዘዮሐንስ ፡ እስመ ፡ ሰይጣ
ናት ፡ ይውዕዩ ፡ እምቃሉ ፡ ወሶበ ፡ ርእዩ ፡ ዘንተ ፡ እሉ ፡ ሰራቅያን ፡ ነስሑ ፡
ወተመይጡ ፡ እምእከዮሙ ፡ ወለውእቱ ፡ ነዳይ ፡ ወሀብዎ ፡ ንዋየ ፡ ብዙኀ ፡
ወኮነ ፡ መነኮሰ ፡ [1] ወአቡነሰ ፡ ዘዮሐንስ ፡ ሖረ ፡ ውስተ ፡ ካልዕ ፡ መካን ፡ ከመ ፡
ኢይኩን ፡ ውዳሴ ፡ ከንቱ ። ጸሎቱ ፡ ወ|በረከቱ ። የሀሉ ፡ ምስለ ፡ ገብሩ ፤ ወ | 26 rº *b*
ልደ ፡ ማርያም ፡ ለዓለመ ፡ ዓለም ፡ አሚን ።

ተአምሪሁ ፡ ለአቡነ ፡ ዘዮሐንስ ፡ ጸሎቱ ፡ ወበረከቱ ፡ የሀሉ ፡ ምስለ ፡ ገብ
ሩ ፡ ወልደ ፡ ማርያም ፡ ለዓለመ ፡ ዓለም ፡ አሚን ። ወኮነ ፡ እንዘ ፡ ይመጽእ ፡
፩ብእሲ ፡ ኀበ [2] ፡ ገዳመ ፡ ዘጌ ፡ መንገለ ፡ ደሴተ ፡ ክብራን ፡ ተፅዒኖ ፡ በዓ
ቢይ ፡ ሐመር ፡ ወምስሌሁ ፡ ብዙኀ ፡ ሐሪጽ ፡ ዘይትገበር ፡ ለተዝካረ ፡ አቡነ ፡
ዘዮሐንስ ፡ ወእምዝ ፡ ተንሥአ ፡ ለዕሌሁ ፡ ዓቢ|ይ ፡ ነፋስ ፡ እመንገለ ፡ ገጹ ፡ | 26 vº *a*
ዘዕፁብ ፡ ለነጊር ፡ ወገፍትኦ ፡ ለሐመር ። ወለውእቲ ፡ ብእሲ ፡ ምስለ ፡ ሐሪ
ጽ ፡ ወተርፈ ፡ ሐሪፅኒ ፡ ምስለ ፡ ሙዳይ ፡ ውእቱሰ ፡ ብእሲ ፡ በዕፁብ ፡ ድ
ኅነ ፡ ወበጽሐ ፡ ውስተ ፡ መርሶ ። ወእምዝ ፡ ሐዘኑ ፡ ኵሎሙ ፡ መነኮሳት ፡ ወ
ይቤሉ ፡ ይጸራእኑ ፡ ተዝካሩ ፡ ለአቡነ ፡ ዘኢተጸርዓ ። እስከ ፡ ይእ

[1] Ms. ''ስ — [2] *Sic* ms; il faudrait sans doute እምኀበ

ዜ ፡ ወምንተ ፡ ንትናገር ፡ ለዘመጽኡ ፡ ለገቢረ ፡ በዓሉ ፡ ወእንዘ ፡ ከመዝ ፡ | 26 vº b ይትበሀሉ ፡ ኃደሩ ፡ ኵላ ፡ ሌሊተ ፡ እሙ|ንቱ ፡ መነኮሳት ። ወሶበ ፡ ጸብሐ ፡ ሖረ ፡ ፩ረድዕ ፡ ከመ ፡ ይቅዳሕ ፡ ማየ ፡ ለመፍቅዱ ፡ ወርእየ ፡ በህየ ፡ ሙዳየ ፡ እክል ። ወሶበ ፡ ጠንቀቀ ፡ ርእዮቶ ፡ <ወ>ሖረ ፡ ወዜነወ ፡ ለመነኮሳት ፡ ወሶበ ፡ ሰምዑ ፡ መጽኡ ፡ እንዘ ፡ ይትባደሩ ፡ ወርእይዎ ፡ ለውእቱ ፡ ሐሪጽ ፡ በጺሖ ፡ ኀበ ፡ ሐይቀ ፡ ባሕር ፡ ወሶበ ፡ አውጽእዎ ፡ እምባሕር ፡ ኢርኀሰ ፡ ወኢሂ ፡ ተክዕወ ፡ እምብዝኃ ፡ ሞገደ ፡ ባሕር ፡ ወዘንተ ፡ ርእዮሙ ፡ አ | 27 rº a ንከሩ ፡ ወዓስተአጸቡ ፡ ወነገሩ ፡ ለሰብእ ፡ ወለ|ዝንቱኒ ፡ ተአምር ። ንሕነ ፡ ርኢናሁ ፡ ርእዩኬ ፡ ፍቁራንየ ፡ ለዘይገብር ፡ ዘንተ ፡ ተአምረ ፡ ኢናጽርዕ ፡ ተዝካሮ ። ወንግበር ፡ በዓሎ ፡ እንዘ ፡ ንትአመን ፡ በጸሎቱ ፡ በውሂበ ፡ ዕጣን ፡ ወቍርባን ። ጸሎቱ ፡ ውክፍት ፡ ወንብተ ፡ ረድኤቱ ፡ ጽንዕት ፡ ለአቡነ ፡ ዘዮሐንስ ፡ ተሀሉ ፡ ምስለ ፡ ገብሩ ፡ ወልደ ፡ ማርያም ፡ ለዓለመ ፡ ዓለም ፡ አሜን ።

ተአምሪሁ ፡ ለአቡነ ፡ ዘዮሐንስ ፡ ጸሎቱ ፡ ወበረከቱ ፡ የሀሉ ፡ ምስለ ፡ ገብ | 27 rº b ሩ ። ወልደ ፡ ማርያም ፡ ለዓ|ለመ ፡ ዓለም ፡ አሜን ። ወእንዘ ፡ ሀሎ ፡ አቡነ ፡ ዘዮሐንስ ፡ ውስተ ፡ ደራ ፡ ሖረ ፡ አሐተ ፡ ዕለተ ፡ ውስተ ፡ ቤተ ፡ ፩ ባዕል ፡ ከመ ፡ ይትአንገድ ፡ በንቤሁ ። ውእቱሰ ፡ ባዕል ፡ ዕቡይ ፡ ወግዙፈ ፡ ልብ ፡ ከመ ፡ ፈርዖን ። ውእቱ ፡ ወሐዊሮ ፡ ነበረ ፡ ኀበ ፡ አንቀጽ ፡ አቡነ ፡ ዘዮሐንስ ፡ ወሶበ ፡ ርእዮ ፡ እምርሑቅ ፡ ለአቡነ ፡ ዘዮሐንስ ፡ ውእቱ ፡ ባዕል ፡ ይቤሎ ፡ በመዓት ፡ ለምንት ፡ ትነብር ፡ ዝየ ፡ አንተ ፡ መነኮስ ፡ ወኢተሐውር ፡ ውስተ ፡ | 27 vº a ካልዕ ፡ መካን ፡ ወይ|ቤሎ ፡ አቡነ ፡ ዘዮሐንስ ፡ ለውእቱ ፡ ባዕል ፡ እስመ ፡ መስየ ፡ ብየ ፡ ብሔር ፡ ኀበ ፡ አይቴ ፡ አሐውር ፡ አኀድረኒ ፡ በእንተ ፡ እግዚአብሔር ፡ ወኢተሰጥዎ ፡ ውእቱ ፡ ባዕል ፡ አሐተ ፡ ቃለ ። ወባሕቱ ፡ ይቤ ፡ ግድፍዎ ፡ ውስተ ፡ ምድር ፡ ወዝብጥዎ ፡ ብዙሐ ፡ ወተፈኒዎሙ ፡ ልዑካን ፡ ይቤልዎ ፡ ለዓክነ ፡ ከመ ፡ ንፃባዕከ ። ወባሕቱ ፡ ንሕነሰ ፡ ተዓገሥነ ፡ እስመ ፡ ከ | 27 vº b ልዓነ ፡ ምሕረቱ ፡ ለእግዚአብሔር ፡ ዘነዱር ፡ ላእሌከ ። ወሰሚዖ ፡ አቡነ ፡ ዘ|ዮሐንስ ፡ ኃደረ ፡ ኀበ ፡ ቤተ ፡ አሐቲ ፡ ነዳይት ፡ እንዘ ፡ ኢይጥዕም ፡ እክለ ፡ ወኢምንተኒ ። ወእምዝ ፡ በጽባሕ ፡ መጽአ ፡ ካልዕ ፡ መኰንን ። ወተጻብኦ ፡ ወወግዖ ፡ ገቦሁ ፡ ዘየማን ፡ ወሞተ ፡ በጊዜሁ ፡ ወእለ ፡ ርእዩ ፡ ዘንተ ፡ መንክረ ። ይቤሉ ፡ መንክረ [1] ፡ እግዚአብሔር ፡ በላእለ ፡ ቅዱሳኒሁ ፡ ወመኰንንሰ ፡ ወሀባ ፡

[1] Ms. ˝ር ፡

ለይዕቲ ፡ ነዳይት ፡ ኵሎ ፡ ክብሮ ፡ ለውእቱ ፡ ባዕል ፡ ወዝንቱ ፡ ዘኮነ ፡ በጸሎቱ ፡ ለአቡነ ፡ ዘዮሐንስ ፡ በረከቱ ፡ የሀሉ ፡ ምስ|ለ ፡ ገብሩ ፡ ወልደ ፡ ማርያም ፡ | 28 rº *a* ለዓለመ ፤ ዓለም ፤ አሜን ፤

ተአምሪሁ ፡ ለአቡነ ፡ ዘዮሐንስ ፡ ጸሎቱ ፡ ወበረከቱ ፡ የሀሉ ፤ ምስለ ፡ ገብሩ ። ወልደ ፡ ማርያም ፡ ለዓለመ ፡ ዓለም ፡ አሜን ። ወአሐተ ፡ ዕለተ ፡ እንዘ ፡ ይትገበር ፡ ተዝካሩ ፡ በወርኃ ፡ ሐምሌ ፡ እስመ ፡ ዓቢይ ፡ ክረምት ፡ ውእቱ ፡ ዘመን ፡ ወሰሚአ ፡ ፩ብእሲ ፡ ከመ ፡ አልቦ ፡ እክል ፡ ውስተ ፡ ደሴተ ፡ ክብራን ፡ ዘይትገበር ፡ ለተዝካረ ፡ አቡነ ፡ ዘዮሓንስ ፡ አዘዘ ፡ ከመ ፡ ይሰዱ ፡ እክለ ፡ | ወእንዘ ፡ ይወስድ ፡ እክለ ፡ ተንሥአ ፡ ላእለ ፡ ቍልዔሁ ፡ ፈያት ፡ ወ | 28 rº *b* ሂዶ ። ወይቤሎ ፡ አማኅጸንኩከ ፡ በአምላከ ፡ አቡነ ፡ ዘዮሐንስ ፡ ኢትሕደነ ፡ ወባሕቱ ፡ ክፍል ፡ ሊተ ፡ ወኢያግብዓ ፡ ሎቱ ፡ ቃለ ፡ ወበውእቱ ፡ ጊዜ ፡ ኮነ ፡ መብረቅ ፡ ወዘበጦ ፡ ለውእቱ ፡ ሐያዲ ፡ ወተ[ነ]ጽሐ ፡ በገጹ ፡ ዲበ ፡ ምድር ። ወአንከሩ ፡ ውእቱ ፡ ገብር ። ወበዊኦ ፡ ውእቱ ፡ ዜነዎሙ ፡ ለመነኮሳተ ፡ ውእቱ ፡ ደብር ፡ ወውእተሙኒ ፡ ገብርዎ ፡ ለተዝካረ ፡ አቡነ ፡ ዘዮሐንስ ፡ ውእቱሰ ፡ የአክል ፡ ፩ቀሱተ ፡ ሰዋ ፡ | ወመጺኦሙ ፡ ኵሎሙ ፡ ካህናት ፡ ወሕዝ | 28 vº *a* ብ ፡ ጸግቡ ፡ ወአትረፉ ። ወእምዝ ፡ ዜነውዎሙ ፡ ዘኮነ ፡ እምጥንቱ ፡ እስከ ፡ ተፍጻሜቱ ፡ ወዘከመዚ ፡ ሂዶ ፡ ፈያታዊ ፡ ወሰሚዖሙ ። ኵሎሙ ፡ ሰብሕዎ ፡ ለእግዚአብሔር ፡ ዘይትአወቅ ፡ ስሙ ፡ በከመ ፡ አቡነ ፡ ዘዮሐንስ ፡ ወይእዜኒ ፡ ኢንበል ። ኦአኃውየ ፡ እመዚ ፡ ብዙኅ ፡ ወእመዚ ፡ ኀዳጥ ፡ አላ ፡ በጥቡዕ ፡ ልብ ፡ ይኩን ፡ ገቢረ ፡ ተዝካሩ ፡ እንዘ ፡ ኢንፈልጥ ፡ ወኢንብል ፡ ዝባዕል ፡ ወዝነዳይ ። ባሕቱ ፡ በዕሩ|ይ ፡ ይኩን ፡ ጸሎቱ ፡ ወበረከቱ ። ለአቡነ ፡ ዘዮሐንስ ፡ | 28 vº *b* የሀሉ ፡ ምስለ ፡ ገብሩ ፡ ወልደ ፡ ማርያም ፡ ለዓለመ ፤ ዓለም ፤ አሜን ።።

ለዛቲ ፡ መጽሐፍ ፡ አጽሐፍክዋ ፡ አነ ፡ ወልደ ፡ ማርያም ፡ ኃጥዕ ፡ በእንተ ፡ ፍቅሩ ፡ ለአቡነ ፡ ዘዮሐንስ ፡ ወይእዜኒ ፡ ለዝንቱ ፡ መጽሐፍ ፡ ዘሰረቀ ፡ ወዘፈሐቀ ፡ ወዘአውጽኦ ፡ እምደብር ፡ በሥልጣነ ፡ ጴጥሮስ ፡ ወጳውሎስ ፡ ውጉዘ ፡ ለይኩን ። ጸሐፊሁ ፡ [... [1]]

[1] Le nom du scribe est effacé; le deuxième élément a dû être ጊዮርጊስ ፡

III

« EFFIGIES » DE ZA-YOḤANNES

| 29 rº *a* | ናሁ ፡ ወጠንኩ ፡ እንዘ ፡ ኢያስተሐልፍ ፡
ሰላመ ፡ መልክዕከ ፡ አንብብ ፡ እንተ ፡ [1] አልቦቱ ፡ ፍጻሜ ፡
መክበበ ፡ ሃይማኖት ፡ አንተ ፡ ዘዮሐንስ ፡ ጸጌ ፡ አበሜ ፡
አለብወኒ ፡ መጻሕፍተ ፡ ወመሐረኒ ፡ ትርጓሜ ፡
ከመ ፡ ለቲቶ ፡ መሐረ ፡ ጳውሎስ ፡ ዘሮሜ ።

ሰለም ፡ ለዝክረ ፡ ስምከ ፡ ዘሀሎ ፡ ወይሂሉ ፡
እንዘ ፡ ከመ ፡ መና ፡ ይጥዕም ፡ ዘወረደ ፡ እምላእሉ ፡
ዘዮሐንስ ፡ ባሕርይ ፡ ለዮሴፍ ፡ ንዋየ ፡ ብዕሉ ፡
መኑ ፡ ከማከ ፡ እግዚኦ ፡ እምእለ ፡ ገዳማተ ፡ ዔሉ ፡
| 29 rº *b* | ዘየሐውር ፡ ውስተ ፡ ኃይል ፡ ደቂቅከ ፡ ይብሉ ።

ሰላም ፡ ለሥእርተ ፡ ርእስከ ፡ ዘጸሊም ፡ ህበሪሁ ፡
ለቀብዕከኒ ፡ ለአክሊለ ፡ ክርስቶስ ፡ አምሳሊሁ ፡
ዘዮሐንስ ፡ ንጉሥ ፡ አህጉራተ ፡ መንግሥት ፡ ለለጽባሑ ፡
የሀቡከ ፡ ጋዳ ፡ መኳሌት ፡ ዘኢይትረከብ ፡ ከማሁ ፡
መዛግብቲሆሙ ፡ አዕዳውየ ፡ ፈትሑ ።

ሰላ[ም] ፡ ለርእስከ ፡ ከመ ፡ አጽፈ ፡ ሰማይ ፡ ደመና ፡
አክሊለ ፡ ስብሐት ፡ እንተ ፡ ከደና ፡
ዘዮሐ[ንስ] ፡ ጻድቅ ፡ ተረፈ ፡ ጻድቃን ፡ አንተ ፡ እንጦና ፡
| 29 vº *a* ከለልኒ ፡ በብርሃንከ ፡ ዘያስተፌስ|ሕ ፡ ሕሊና ፡
አምሳሊሆን ፡ ለታቦር ፡ ወሲና ፡

[1] Ms. አ''.

ሰላ[ም] ፡ ለገጽከ ፡ ዘተመሰለ ፡ ኮከበ ፡
እምገጸ ፡ ሙሴ ፡ ነቢይ ፡ እስከ ፡ ተሰብሐ ፡ ካዕበ ፡
ዘዮሐን[ስ] ፡ ኄር ፡ ኖላዊ ፡ አንተ ፡ ኢኮ[ን]ከ ፡ አሳበ ፡
ንግረኒ ፡ ወአይድዓኒ ፡ ነገረ ፡ መለኮት ፡ ዕፁበ ፡
ከመ ፡ ለሌሊት ፡ ሌሊት ፡ ታየድዕ ፡ ጥበበ ።

ሰ[ላም] ፡ ለቀራንብቲከ ፡ ተቀዋማተ ፡ ጥበብ ፡ ወአእምሮ ፡
ማኅቶተ ፡ ሥጋከ ፡ ክልኤ ፡ እለ ፡ ይጸወራ ፡ በአኀብሮ ፡
ዘዮ[ሐንስ] ፡ ምዑዝ ፡ ኮላ ፡ ሐይቀ ፡ ባሕር ፡ ዕፀ ፡ አንክሮ ፡
ሠውረኒ ፡ እምገጸ ፡ ሞት ፡ እምቅድመ ፡ እርዓይ ፡ አ|ሠሮ ፡ | 29 vº b
ከመ ፡ አምላክከ ፡ ለሄኖክ ፡ ሰወሮ ።

ሰላ[ም] ፡ ለአዕይንቲከ ፡ እለ ፡ ተከሥታ ፡ እምጽላሌ ፡
ምሥጢራተ ፡ አምላክ ፡ ይርዓያ ፡ ዘተሐብአ ፡ በሉአሌ ፡
ዘዮሐ[ንስ] ፡ ስርግው ፡ በትርሲተ ፡ ንጽሕ ፡ ወድንጋሌ ፡
ቀጥቀጥ ፡ በቀስታምከ ፡ ፀረ ፡ ነፍስየ ፡ ማኅጐሌ ፡
ከመ ፡ ንዋየ ፡ ለብሐ ፡ ክቡድ ፡ ወቀሊል ፡ ቢረሌ ።

ሰላ[ም] ፡ ለአዕዛኒከ ፡ መሳክዊሆን [1] ፡ እለ ፡ አርኀዋ ፡
ከመ ፡ ቃለ ፡ አምላክ ፡ ያጽምዓ ፡ ወትእዛዘቲሁ ፡ ይለብዋ ፡
ዘዮሐ[ንስ] ፡ ጸሊ ፡ ኀበ ፡ አምላክ ፡ ርጢነ ፡ ሄዋ ፡
ለወልድከ ፡ ይፈውሰኒ ፡ በሕማመ ፡ ጊጋይ ፡ ነዋ ፡
እስመ ፡ | አዕዛንየ ፡ ክልኤሆን ፡ ደንቀዋ ። | 30 rº a

ሰላ[ም] ፡ ለመላትሒከ ፡ በተዝክሮ ፡ ጽድቅ ፡ ወርትዕ ፡
ዘላእሌሁ ፡ ተክዕወ ፡ ፈለገ ፡ ንስሓ ፡ አንብዕ ፡
ዘዮሐን[ስ] ፡ ባዕል ፡ ወመዝገብ ፡ ኅቡዕ ፡

[1] Ms. መላ".

ምርሃኒ ፡ ፍና ፡ ትሕ[ት]ና ፡ እምፍና ፡ ብእሲ ፡ ኃጥዕ ፡
ከመ ፡ ምስለ ፡ ክርስቶስ ፡ እንግሥ ፡ በዓሰም ፡ ካልዕ ።

ሰላ]ም] ፡ ለአዕናፊከ ፡ እ<ን>ለ ፡ ያጼንዋ ፡ ዘልፈ ፡
መዓዛ ፡ ቀዳሴ ፡ ውኩፈ ፡
ዘዮ[ሐንስ] ፡ መምህር ፡ አንተ ፡ ወለድከ ፡ ለአላፈ ፡
ያሰጥመኒ ፡ ባሕረ ፡ ፍቅርከ ፡ ዘለምልሶቱ ፡ ኢነጽፈ ፡
| 30 rº *b* ወሐመረ ፡ | ኃይልከ ፡ መንፈሳዊ ፡ ይኩነኒ ፡ ምኀለፈ ።

ሰላ[ም] ፡ ለከናፍሪከ ፡ እለ ፡ ከ[ዐ]ዋ ፡ ሞገሰ ፡
እንተ ፡ ይምዕዝ ፡ ስሒነ ፡ ወዕፍረተ ፡ ወንጌል ፡ ሐዲሰ ፡
ዘዮሐ[ንስ] ፡ ትጉሕ ፡ ዘኢተሐሥሥ ፡ ድቃሰ ፡
ለዑድ ፡ ዲበ ፡ ርእስየ ፡ ሃይማኖትከ ፡ ቅዱሰ ፡
ከ[መ ፡]ማየ ፡ ገነት ፡ ጤግሮስ ፡ ዘየለውድ ፡ ፈርሰ ።

ሰላ[ም] ፡ ለአፉከ ፡ ዘበነበ ፡ ኵሉ ፡ ከሠተ ፡
ክብረ ፡ ማርያም ፡ ድንግል ፡ ወዘፍሬ ፡ ከርሣ ፡ ስብሐተ ፡
ዘዮሐ[ንስ] ፡ ፀሐይ ፡ እንተ ፡ ትኳንን ፡ መዓልተ ፡
ኢይንስከኒ ፡ አርዌ ፡ ምድር ፡ ኵሎ ፡ ዕለተ ፡
| 30 vº *a* ሰኰና ፡ እግር|የ ፡ ረሲ ፡ ሐጺነ ፡ ወብርተ ።

ሰላ[ም] ፡ ለአስናኒከ ፡ ዘተንዕደ ፡ ቀድመ ፡
እምህብረ ፡ በረድ ፡ ፀዓዳ ፡ ላእለ ፡ ሰልሞን ፡ ዘንመ ፡
ዘዮሐ[ንስ] ፡ ጴጥ[ሮ]ስ ፡ እንተ ፡ ትሰብክ ፡ ለለመ ፡
ናሁ ፡ ሐረስኩ ፡ ምድረ ፡ ጽድከ [1] ፡ በዕርፈ ፡ ከናፍር ፡ ፍጹመ ፡
እክለ ፡ መንፈስ ፡ ቅዱስ ፡ ዝሪዕ ፡ ሠላሰ ፡ እ[ን]ትላመ ።

ሰላ[ም] ፡ ለልሳኒከ ፡ ጥዑመ ፡ ንባብ ፡ ወነገር ፡

[1] *Sic.* ms.

ስሙዓተ ፡ ቃሉ ፡ ዘወጽአ ፡ እስከነ ፡ ጽንፋ ፡ ለባሕር ፡
ዘዮሐ[ንስ ፡] ርእስ ፡[1] ዘድኍኃን ፡ አድባር ፡
ታግዕዘኒ ፡ ለዓለም ፡ እምነ ፡ ቀንየቱ ፡ መሪር ፡
እግዝእተ ፡ | ብዙኃን ፡ ፍቅርከ ፡ ወለቱ ፡ ለፍቅር ። | 30 vº *b*

ሰላ[ም] ፡ ለቃልከ ፡ መጥባዕተ ፡ መዊአ ፡ ወአንትያ ፡
ክሣደ ፡ ረሲአን ፡ ዘይመትር ፡ እምነ ፡ መካኑ ፡ ወጺኦ ፡
ዘዮሐ[ንስ ፡] ካህን ፡ ለበግዓ ፡ ፍርቃን ፡ ዘትሠውዖ ፡
ለጸርየ ፡ ጽንዓ ፡ እዴከ ፡ ውስተ ፡ ቀልቀለ ፡ ሞት ፡ ይግፍዖ ፡
ከመ ፡ ገባሬ ፡ ኃይል ፡ አምላክ ፡ ለጽልመት ፡ ዘደፍኦ ።

ሰላ[ም] ፡ ለእስትንፋስከ ፡ በመዓዛሁ ፡ ጽዑጥ ፡
ዘአልባበ ፡ አፍአ ፡ ይሰልብ ፡ ወሕሊናተ ፡ ዘውስጥ ፡
ዘዮሐ[ንስ] ፡ ባሕርይ ፡ ዘኢትትረከብ ፡ በሤጥ[2] ፡
ሀበኒ ፡ በረከተከ ፡ ዘእምብዕለ ፡ ዓለም ፡ ፍሉጥ ፡
እስ|መ ፡ መምህረ ፡ ሕግ ፡ አንተ ፡ ወባዕል ፡ ሥሉጥ ። | 31 rº *a*

ሰላ[ም] ፡ እብል ፡ ለዘአንቲአከ ፡ ጕርዔ ፡
መዓርዒር ፡ ውእቱ ፡ እምደመ ፡ አስካል ፡ ወወይነ ፡ ግምዔ ፡
በጺሐከ ፡ ዝየ ፡ ከመ ፡ አርከ ፡ ወከመ ፡ ቍልዔ ፡
ቀድመ ፡ ይኩን ፡ ለኃጥአን ፡ ወለጻድቃነ ፡ ምድር ፡ ትንሣኤ ፡
ሐሠረ ፡ ጊጋይየ ፡ ሊሊ ፡ ዘዮሐ[ንስ] ፡ መስዔ ።

ሰላ[ም] ፡ ለክሣድከ ፡ ህየንተ ፡ ቃማ ፡ ወርቀ ፡ ኃላፊ[3] ፡
ዘሠርጐ ፡ ዚአሁ ፡ ረሰየ ፡ አስኬማ ፡ መላእክት ፡ እለ ፡ ሱራፊ[3] ፡
ዘዮሐ[ንስ] ፡ ፍትው ፡ እምስነ ፡ ሐሌዝዝ ፡ ወጽጌ ፡ ታውፊ[3] ፡

[1] Ms. ′′ሰ ፡ — [2] Ms. በሣጥ ፡ — [3] Ms. ′′ፈ ፡

| 31 rº b መንፈሰ ፡ ጸጋከ ፡ ውስተ ፡ ሕሊ|ናየ ፡ ትፌ[1] ፡
ከመ ፡ ተስብያዊ ፡ ኤልያስ ፡ ወሂኖክ ፡ ጸሐፌ[1] ።

ሰላ[ም] ፡ እብል ፡ ለዘዚአከ ፡ መትከፍ ፡
ዓርቡተ ፡ መስቀል ፡ ዘጾረ ፡ በሰዓተ ፡ ደካም ፡ ወሐፍ ፡
ዘዮ[ሐንስ] ፡ ባቍዕ ፡ ዘኢትትሔሰው ፡ መጽሐፍ ፡
መነነ ፡ ሶበ ፡ ሰምዓከ ፡ ተአምኖ ፡ እብን ፡[2] ግሉፍ ፡
ወአምልኮ ፡ አርዌ ፡ ኃደገ ፡ ብእሲ ፡ ቈላፍ ።

ሰ[ላም] ፡ ለዘባንከ ፡ ዘኰለንታሁ ፡ ጥብሉል ፡
በልብሰ ፡ ብርሃኑ ፡ ሐዋዝ ፡ ለዘመናዊ ፡ ፀዳል ፡
ዘዮሐ[ንስ] ፡ ዘይት ፡ አውልዓ ፡ ገዳም ፡ ወሐቅል ፡
ይምዕዝ ፡ በመዓዛከ ፡ ወበቅብዓ ፡ ዚአከ ፡ ሣህል ፡
| 31 vº a አብርሆ ፡ | ገጽየ ፡ ባሕቲት<የ>ከ ፡ ትክል ።

ሰላ[ም] ፡ እብል ፡ ለእንግድዓከ ፡ ሕኑፅ ፡
መልዕልተ ፡ ብርክ ፡ ወቍጽ ፡
ዘዮሐ[ንስ ፡] ግሑሥ ፡ እምፍኖተ ፡ ስሕተት ፡ ወዳሕጽ ፡
ያንድድኒ ፡ ወያውዕየኒ ፡ ላህበ ፡ ፍቅርከ ፡ ብቍጽ ፡
ከመ ፡ ያንድዶ ፡ ፈድፋደ ፡ ነበልባል ፡ ለዕፅ ።

ሰላም ፡ ሰላም ፡ ለሕፅንከ ፡ አርያም ፡
መካነ ፡ አእምሮ ፡ ይዕቲ ፡ ወምዕራፈ ፡ ጥበብ[3] ፡ አዳም ፡
አመ ፡ ውስተ ፡ እዝንየ ፡ ደምፀ ፡ ኃይለ ፡ ነፋስ ፡ መስጥም ፡
አዕድወኒ ፡ ኀበ ፡ ሀሎከ ፡ እምባሕረ ፡ ኰነኔ ፡ ግሩም ፡
| 31 vº b ሐመረ ፡ ወርቅየ ፡ | ዘዮሐ[ንስ] ፡ ሶም ።

[1] Ms. ″ፈ ፡ — [2] Ms. ″ል ፡ — [3] ′ብ‵ ፡

ስሙዓተ ፡ ቃሉ ፡ ዘወጽአ ፡ እስከነ ፡ ጽንፋ ፡ ለባሕር ፡
ዘዮሐ[ንስ ፡] ርእስ ፡[1] ዘድኁኃን ፡ አድባር ፡
ታግዕዘኒ ፡ ለዓለም ፡ እምነ ፡ ቅንየቱ ፡ መሪር ፡
እግዝእተ ፡ | ብዙኃን ፡ ፍቅርከ ፡ ወለቱ ፡ ለፍቅር ። | 30 vº *b*

ሰላ[ም] ፡ ለቃልከ ፡ መጥባዕተ ፡ መዊአ ፡ ወአንትዖ ፡
ክሣደ ፡ ረሲአን ፡ ዘይመትር ፡ እምነ ፡ መካኑ ፡ ወጺኦ ፡
ዘዮሐ[ንስ ፡] ካህን ፡ ለበግዓ ፡ ፍርቃን ፡ ዘትሠውዖ ፡
ለጸርየ ፡ ጽንዓ ፡ አዴከ ፡ ውስተ ፡ ቀልቀለ ፡ ሞት ፡ ይግፍዖ ፡
ከመ ፡ ገባሬ ፡ ኃይል ፡ አምላክ ፡ ለጽልመት ፡ ዘደፍኦ ።

ሰላ[ም] ፡ ለእስትንፋስከ ፡ በመዓዛሁ ፡ ጽዑጥ ፡
ዘአልባበ ፡ አፍአ ፡ ይሰልብ ፡ ወሕሊናተ ፡ ዘውስጥ ፡
ዘዮሐ[ንስ] ፡ ባሕርይ ፡ ዘኢትትረከብ ፡ በሤጥ[2] ፡
ሀበኒ ፡ በረከተከ ፡ ዘእምብዕለ ፡ ዓለም ፡ ፍሉጥ ፡
እስ|መ ፡ መምህረ ፡ ሕግ ፡ አንተ ፡ ወባዕል ፡ ሥሉጥ ። | 31 rº *a*

ሰላ[ም] ፡ እብል ፡ ለዘአንቲአከ ፡ ጕርዔ ፡
መዓርዒር ፡ ውእቱ ፡ እምደመ ፡ አስካል ፡ ወወይነ ፡ ግምዔ ፡
በጺሐከ ፡ ዝየ ፡ ከመ ፡ አርክ ፡ ወከመ ፡ ቍልዔ ፡
ቀድመ ፡ ይኩን ፡ ለኃጥአን ፡ ወለጻድቃነ ፡ ምድር ፡ ትንሣኤ ፡
ሐሠረ ፡ ጌጋይየ ፡ ሊሊ ፡ ዘዮሐ[ንስ] ፡ መስዔ ።

ሰላ[ም] ፡ ለክሣድከ ፡ ህየንተ ፡ ቃማ ፡ ወርቅ ፡ ኃላፊ[3] ፡
ዘሠርጐ ፡ ዚአሁ ፡ ረሰየ ፡ አስኬማ ፡ መላእክት ፡ እለ ፡ ሱራፊ[3] ፡
ዘዮሐ[ንስ] ፡ ፍትው ፡ እምስነ ፡ ሐሴዝዝ ፡ ወጽጌ ፡ ታውፊ[3] ፡

[1] Ms. ″ሰ ፡ — [2] Ms. በሣጥ ፡ — [3] Ms. ″ፈ ፡

| 31 rº *b* መንፈሰ ፡ ጸጋከ ፡ ውስተ ፡ ሕሊ|ናየ ፡ ትፌ [1] ፡
ከመ ፡ ተስብያዊ ፡ ኤልያስ ፡ ወሄኖክ ፡ ጸሐፌ [1] ።

ሰላ[ም] ፡ እብል ፡ ለዘዚአከ ፡ መትከፍ ፡
ዓርቡተ ፡ መስቀል ፡ ዘጸረ ፡ በሰዓተ ፡ ደካም ፡ ወሐፍ ፡
ዘዮ[ሐንስ] ፡ ባቍዕ ፡ ዘኢትትሔሰው ፡ መጽሐፍ ፡
መነነ ፡ ሶበ ፡ ሰምዓከ ፡ ተአምኖ ፡ እብን ፡ [2] ግሉፍ ፡
ወአምልኮ ፡ አርዌ ፡ ኀደገ ፡ ብእሲ ፡ ቈላፍ ።

ሰ[ላም] ፡ ለዘባንከ ፡ ዘኮለንታሁ ፡ ጥብሉል ፡
በልብሰ ፡ ብርሃኑ ፡ ሐዋዝ ፡ ለዘመናዊ ፡ ፀዳል ፡
ዘዮሐ[ንስ] ፡ ዘይት ፡ አውልዓ ፡ ገዳም ፡ ወሐቅል ፡
ይምዕዝ ፡ በመዓዛከ ፡ ወበቀብዓ ፡ ዚአከ ፡ ሣህል ፡
| 31 vº *a* አብርሆ ፡ | ገጽየ ፡ ባሕቲት<የ>ከ ፡ ትክል ።

ሰላ[ም] ፡ እብል ፡ ለእንገድዓከ ፡ ሕኑፅ ፡
መልዕልተ ፡ ብርክ ፡ ወቍጽ ፡
ዘዮሐ[ንስ ፡] ግሑሥ ፡ እምፍኖተ ፡ ስሕተት ፡ ወዳሕጽ ፡
ያንድድኒ ፡ ወያውዕየኒ ፡ ላህበ ፡ ፍቀርከ ፡ ብቍጽ ፡
ከመ ፡ ያንድዶ ፡ ፈድፋደ ፡ ነበልባል ፡ ለዕፅ ።

ሰላም ፡ ሰላም ፡ ለሕፅንከ ፡ አርያም ፡
መካነ ፡ አእምሮ ፡ ይዕቲ ፡ ወምዕራፈ ፡ ጥበብ [3] ፡ ለዳም ፡
አመ ፡ ውስተ ፡ እዝንየ ፡ ደምፀ ፡ ኃይለ ፡ ነፋስ ፡ መስጥም ፡
አዕድወኒ ፡ ኀበ ፡ ሀሎከ ፡ እምባሕረ ፡ ኮነኔ ፡ ግሩም ፡
| 31 vº *b* ሐመረ ፡ ወርቅየ ፡ | ዘዮሐ[ንስ] ፡ ሶም ።

[1] Ms. ′′ፈ ፡ — [2] Ms. ′′ል ፡ — [3] ′ብ′ ፡

ሰላ[ም] ፡ ለአእዳዊከ ፡ እለ ፡ ኢገሰሳ ፡ ማውታ ፡
በይነ ፡ ኪያሆን ፡ ቀደሰ ፡ አዕዳወ ፡ አምለከ ፡ ምንታ ፡
እስመ ፡ እምተቀዋማ ፡ ጠፋዕከ ፡ ዘዮሐ[ንስ] ፡ ማኅቶታ ፡
ታበክየከ [1] ፡ ደብረ ፡ ክብራ ፡ በብዙሕ ፡ ጸታ ፡
ብካየ ፡ አሐቲ ፡ ብእሲት ፡ ዘተሐጥዓ ፡ ምታ ።

ሰላ[ም] ፡ ለመዛርኢከ ፡ እለ ፡ ገረማ ፡ ወገዝፉ ፡
እመዛርኢሁ ፡ ክዑዳት [2] ፡ ለሳምሶን ፡ ነቢየ ፡ አልፉ ፡
ዘዮ[ሐንስ ፡] ጠቢብ ፡ ርእሰ ፡ ጥበባት ፡ ወፈላሰፉ ፡
ለ፳ወርብዕ ፡ አብያጺከ ፡ ካህናተ ፡ አሚን ፡ ወተስፉ ፡
ዕበያቲሆሙ ፡ ላእሌከ ፡ ተጽሕፉ ።

ሰ[ላም ፡] ለኵርናዓቲከ ፡ በአምንትተ [3] ፡ | ጠቢብ ፡ ወኪን ፡ | 32 r° *a*
ዘተሰንሰላ ፡ ፍጹመ ፡ ምስለ ፡ አባላት ፡ ኵሎን ፡
ዘዮ[ሐንስ] ፡ መምሕር ፡ በትእዛዝከ ፡ ብርሃን ፡
ዋከየት ፡ መቀደሰ ፡ ክብራ ፡ እምነ ፡ ከዋክብት ፡ ፅዱላን ፡
ወሱራሬሃ ፡ ተብህለ ፡ ዘኢርእየ ፡ ዓይን ።

ሰላ[ም] ፡ ለእመትከ ፡ በህለተ [4] ፡ ትእግሥት ፡ ቀዋሚ ፡
መቀደሰ ፡ ምንዳቤ ፡ ወገድል ፡ እንተ ፡ ሰፈረ ፡ ቀዳሚ ፡
ዘዮ[ሐንስ] ፡ ፍቁር ፡ ውስተ ፡ ልበ ፡ ክርቶስ ፡ ሐታሚ ፡
ክድነኒ ፡ ልብሰ ፡ ስብሐት ፡ ዘኢይገብሮ ፡ አናሚ ፡
ከመ ፡ ኢይርዓየኒ ፡ ዘልፈ ፡ ዓይነ ፡ ሞት ፡ ማኅመሚ ።

ሰላም ፡ ለእራኅከ ፡ ዘተወፈየ ፡ እምእዱ ፡
ጽዋ|ዓ ፡ በረከት ፡ ሠናይ ፡ ለእግዚአብሔር ፡ አሐዱ ፡ | 32 r° *b*
ዘዮ[ሐንስ] ፡ ፍትው ፡ ወምዑዘ ፡ ምግባር ፡ ናርዱ ፡

[1] *Sic.* ms. Lire ት'' ? — [2] *Sic* ms. [3] Ms. ''ታ ፡ — [4] *Sic* ms.

ይስብኩ ፡ ዜና ፡ ሞትከ ፡ ለእለ ፡ እምርጉቀ ፡ ነገዱ ፡
ሰራዊተ ፡ መልአክ ፡ ገብርኤል ፡ እምሰማይ ፡ ወረዱ ።

ሰላ[ም] ፡ ለአፃብዒከ ፡ እለ ፡ ገሰሳሁ ፡ ለነድ ፡
ላእለ ፡ ደብተራ ፡ ጽድቀ ፡ በሥጋ ፡ ዘሰቀልዎ ፡ አይሁድ ፡
ዘዮ[ሐንስ ፡] መንግሥት ፡ ዘኢትትወሀብ ፡ ለባዕድ ፡
ደወለ ፡ ፍጹማን ፡ አበው ፡ ውሉደ ፡ ፈላሲ ፡ ወነግድ ፡
ሰመይዋ ፡ ለቤትከ ፡ አሐቲ ፡ ዐፀድ ።

ሰ[ላም ፡] ለአጽፋረ ፡ እዴከ ፡ አምሳለ ፡ ሐኑጽ ፡ ቤት ፡
| 32 vº *a* እለ ፡ ተገብሬ ፡ | በኪኑ ፡ ለሊቀ ፡ ጠቢባን ፡ ጸረብት ፡
ዘዮ[ሐንስ] ፡ ክርስቶስ ፡ ሊቀ ፡ ካህናት ፡
ተመወዓት ፡ ሲኦል ፡ በጽንእከ ፡ እምኃይለ ፡ ኃጢአት ፡ ኦሪት ፡
ወበትንሣኤከ ፡ ደክመ ፡ ቀኖቱ ፡ ለሞት ።

ሰላ[ም] ፡ ለገቦከ ፡ በዓራተ ፡ ባዕል ፡ ወንጉሥ ፡
ዘኢሰከበ ፡ ቀዳሚ ፡ ሶበ ፡ ተዳደቀ ፡ ድቃስ ፡
ዘዮሐ[ንስ] ፡ ኅሩም ፡ እምታሕተ ፡ ኅሩይ ፡ ማዕስ ፡
እለ ፡ ርእዩ ፡ አዕፅምቲከ ፡ አትሕቶ ፡ ሐሊና ፡ ወርእስ ፡
መሐሩ ፡ ለርእሶሙ ፡ ሕዝበ ፡ ባሕር ፡ ወየብስ ።

ሰለም ፡ ለከርሥከ ፡ ሰሌዳ ፡ ምሕረት ፡ ወሣህል ፡
| 32 vº *b* ዘበውስቴቱ ፡ ተጽሕፈ ፡ ስመ ፡ ፈጣ|ሪ ፡ ልዑል ፡
ዘዮ[ሐንስ] ፡ ላእከ ፡ ወሐዋርያ ፡ ሕግ ፡ ወንጌል ፡
አርጉ ፡ ሊተ ፡ እግዚኦ ፡ አናቅጸ ፡ ልሳን ፡ ወቃል ፡
ከመ ፡ ኃይለ ፡ ዚአከ ፡ እንግር ፡ ለርጉቀ ፡ ደወል ።

ሰ[ላም] ፡ ለልብከ ፡ ለወርቀ ፡ ሃይማኖት ፡ መዝገቡ ፡
ለዕንቄ ፡ ባሕርይኒ ፡ ዘብዙሕ ፡ ሐሳቡ ፡

ዘዮ[ሐንስ] ፡ ፅዱል ፡ ለፀሐይ ፡ ስነ ፡ ክበቡ ፡
አብአኒ ፡ ለአምለክከ ፡ ውስተ ፡ ሐዳስ ፡ ከብካቡ ፡
አመ ፡ ይትጋብዑ ፡ ለምስሐ ፡ ቀዱሰን ፡ ሕዝቡ ።

ሰ[ላም] ፡ ለኰልያቲከ ፡ ከመ ፡ ንዋየ ፡ ወርቅ ፡ ወብሩር ፡
እለ ፡ ተፈትና ፡ ኅቡረ ፡ በእሳተ ፡ ፍቅሩ ፡ ለብኵር ፡
ዘዮሐ[ንስ] ፡ ድንባዝ ፡ መጸረ ፡ ታ|ቦት ፡ ክቡር ፡ | 33 rº *a*
ይንጽሐሙ ፡ ለአጽራርየ ፡ ውስተ ፡ ምድረ ፡ ሕማም ፡ ወፃዕር ፡
ጸሎትከ ፡ ነጓድጓድ ፡ ወኃይልከ ፡ ነጥር ።

ሰላ[ም] ፡ ለሕሊናከ ፡ ዘኢሀለየ ፡ ክብረ ፡ ምድራዊ ፡
ባሕቱ ፡ ዕበየ ፡ ወሞገሰ ፡ ሰማያዊ ፡
መጽሐፈ ፡ ሳላምየ ፡ ወትረ ፡ ዘዮሐ[ንስ ፡] ወልደ ፡ ልባዊ ፡
ጹረኒ ፡ በክሣድከ ፡ አመ ፡ ነዓወኒ ፡ አርዌ ፡
ቀመረ ፡ ሕኑጽ ፡ ቤት ፡ ከመ ፡ ይጸውር ፡ ሰርዌ ።

ሰላ[ም] ፡ ለንዋየ ፡ ውስጥከ ፡ በልብሰ ፡ ዕበይ ፡ ጶደሬ ፡
ዘይትባእ [1] ፡ ወትረ ፡ ምስለ ፡ ንጹሕ ፡ ዝማሬ ፡
ዘዮሐ[ንስ ፡] አሮን ፡ ዘአውዓይከ ፡ ው|ሉደ ፡ ቆሬ ፡ | 33 rº *b*
ጸገየት ፡ በትረ ፡ እዴከ ፡ እንተ ፡ አ[ል]ባቲ ፡ ሉባሬ ፡
ወለገባሪሃ ፡ ወሀበት ፡ ዘስብሐት ፡ ፍሬ ።

ሰላ[ም] ፡ ለአማዑቲከ ፡ እምነ ፡ ዕለት ፡ ዕለተ ፡
በፍቅረ ፡ አምላኩ ፡ ዘነደ ፡ እንዘ ፡ ኢየሐሥሥ ፡ ምንተ ፡
ዘዮሐ[ንስ ፡]ዳዊት ፡ እስመ ፡ እግዚእየ ፡ አንተ ፡
መሐረኒ ፡ ሕገ ፡ ትሕትና ፡ እምሕገ ፡ ትዝህርት ፡ ነፍሳተ ፡
ዘታወርድ ፡ ደይነ ፡ ወታለብስ ፡ ሞተ ።

[1] *Sic* ms.

ሰላ[ም] ፡ ለሕንብርትከ ፡ ለመልክዓ ፡ ሥጋከ ፡ በማዕከላ ፡
ዘስነ ፡ ስርቀቱ ፡ ፍትው ፡ እምስርቀተ ፡ ቤዝ ፡ ወእብላ ፡
| 33 vº a ዘዮሐ[ንስ ፡] ቢጹ ፡ ለመምህረ ፡ | ሀገር ፡ ገሊላ ፡
ለባሕረ ፡ ምድርከ ፡ ዘግሩም ፡ ኃይላ ፡
በበትረ ፡ እዴከ ፡ ገሠፅከ ፡ ማዕበላ ።

ሰላ[ም] ፡ ለሐቌከ ፡ ውስተ ፡ ምድረ ፡ ፅንዕ ፡ ዘቆመ ፡
እንዘ ፡ ሰይፈ ፡ አምላክ ፡ ይቀንት ፡ ወያስተጻንዕ ፡ ድኩመ ፡
ዘዮሐ[ንስ ፡] ሐያው ፡ ዘኢትሬኢ ፡ ሕማመ ፡
እንዚራ ፡ ቃልከ ፡ ያነቅሕ ፡ ንዉመ ፡
ወበረከትከ ፡ ይስእር ፡ መርገመ ።

ሰላ[ም ፡] ለአቍያጺከ ፡ ዲበ ፡ መንበረ ፡ ወርቅ ፡ ዘተዋደዳ ፡
ለባላቅ ፡ ከመ ፡ አዕማዳ ፡
ቀዱስ ፡ ለቤተ ፡ ክርስቲያን ፡ ወልዳ ፡
ፄና ፡ ኂሩትከ ፡ ወመዓዛ ፡ ፍቅርከ ፡ ረዳ ፡
| 33 vº b | ሐሊና ፡ ኵሉ ፡ ያሰርር ፡ ወዘርግብ ፡ ፀዓዳ ።

ሰላ[ም ፡] ለአብራኪከ ፡ ኀቡአ ፡ ወገዛደ ፡
ስብሐተ ፡ አምላክ ፡ ይርዓያ ፡ እለ ፡ አብዝኃ ፡ ሰጊደ ፡
ዘዮ[ሐንስ ፡] ምክር ፡ ዘታስተጻንእ ፡ አንጋደ ፡
ሙሴ ፡ ወኖብ ፡ በጸጋ ፡ እለ ፡ ረሰዩከ ፡ ወልደ ፡
ለባርኮትየ ፡ የሀቡከ ፡ እደ ።

ሰላ[ም] ፡ ለአእጋሪከ ፡ ዘበላእሌሆን ፡ ተአውቀ ፡
ቈመተ ፡ ትጉሕ ፡ መልአክ ፡ እስከ ፡ ይረክባ ፡ ጽድቀ ፡
ዘዮ[ሐንስ] ፡ መስቀል ፡ ዘረሰይኩከ ፡ ሰዋቀ ፡
ጸውአኒ ፡ ለበዓልከ ፡ እስመ ፡ ጸዋዕኩከ ፡ ሐቀ ፡
እስመ ፡ ከመ ፡ ጢስ ፡ መዋዕልየ ፡ ሐልቀ ።

ሰላ[ም] ፡ ለሰኳንዊ|ከ ፡ እለ ፡ በእምነቶን ፡ አምሰጣ ፡ | 34 rº *a*
እምንስከተ ፡ አርዌ ፡ ጸዋግ ፡ ለሂዋን ፡ አንተ ፡ አስፈጣ ፡
ዘዮ[ሐንስ] ፡ ጥሙቀ ፡ በደመ ፡ ኢየሱስ ፡ አምላክ [1] ፡ የውጣ ፡
ጸለለተከ ፡ ማየ ፡ ባሕር ፡ ሶበ ፡ ኃለፍከ ፡ በውስጠ ፡
ከመ ፡ ደመና ፡ መስዕ ፡ ብርህት ፡ ዘብዙሕ ፡ ተውላጣ ።

ሰላ[ም] ፡ ለመከየድከ ፡ አሣዕነ ፡ ወንጌል ፡ ምስያሙ ፡
ወካህነ ፡ ኦሪት ፡ ስሙ ፡
ዘዮሐ[ንስ] ፡ ኃያል ፡ መክብበ ፡ ኃያላን ፡ ኵሎሙ ፡
ዘ፳ እመት ፡ ቆሙ ፡
ወዓሥር ፡ ግድሙ ።

ሰ[ላም] ፡ ለአፃብዒከ ፡ በልብሰ ፡ ስብሐ|ት ፡ ወዕበይ ፡ | 34 rº *b*
እለ ፡ ተሐብአ ፡ ውስቴቱ ፡ እምነ ፡ ኵሉ ፡ ርእይ ፡
ዘዮሐ[ንስ ፡] ፀወን ፡ ሐገረ ፡ ምስካይ ፡
እድኅን ፡ ብከ ፡ እግዚኦ ፡ አመ ፡ ዕለተ ፡ ፍትሕ ፡ ዓባይ ፡
እስመ ፡ ወለድከኒ ፡ ሊተ ፡ እመንፈስ ፡ ወማይ ።

ሰላ[ም ፡] ለአጽፋረ ፡ እግርከ ፡ እለ ፡ ሠርፃ ፡ ወዓርጋ ፡
እምጕንደ ፡ አፃብዕ ፡ ዓሥር ፡ እንበለ ፡ ሕፀፅ ፡ ወንትጋ ፡
ዘዮ[ሐንስ ፡] ምሉአ ፡ ጸጋ ፡ እግዚአከ ፡ ቀዳሚ ፡ ጸጋ ፡
ከመ ፡ ታግዕዝ ፡ ሰብአ ፡ ቤተከ ፡ ለ<ሐገ ፡> ኃጢአት ፡ እምሕጋ ፡
በመግባረ ፡ መንፈስ ፡ ቀተልከ ፡ ምግባረ ፡ ዘሥጋ ።

ሰላ[ም] ፡ ለቆም|ከ ፡ ብፁሐ ፡ መጠን ፡ ወአቅም ፡ | 34 vº *a*
በአቅመ ፡ ብእሲ ፡ አዳም ፡
ዘዮሐ[ንስ ፡] ትጹር ፡ ዕፀበ ፡ ኵሉ ፡ ገዳም ፡
ለክርስቶስ ፡ በእንተ ፡ ፍቅሩ ፡ ንጉሠ ፡ ትማልም ፡ ወዮም ፡
ጣዕመ ፡ ዚአሃ ፡ መነንከ ፡ ለዛቲ ፡ ዓለም ።

[1] Ms. ''ከ.

ሰላ[ም] ፡ ለመልክዕከ ፡ ዘይኤድም ፡ አርዓያሁ ፡
ወፍትው ፡ ስነ ፡ ዚአሁ ፡
ዘዮ[ሐንስ ፡] መቀደስ ፡ ለእግዚአብሔር ፡ ምሥዋዒሁ ፡
በበረከትከ ፡ እለ ፡ ፃመው ፡ ወሰርሑ ፡
እምፍቀደ ፡ ኆፃ ፡ ባሕር ፡ ሕዝብከ ፡ ፈድፈዱ ፡ ወበዝሑ ።

ሰላ[ም] ፡ ለጸአተ ፡ ነፍስከ ፡ እምቤተ ፡ ሥጋዛ ፡ ጽባብ ፡
| 34 v° *b* እንዘ ፡ ይጸ|ውርዋ ፡ ላቲ ፡ ለክናፈ ፡ መልአክ ፡ ኪሩብ ፡
ዘዮሐ[ንስ ፡] ማኅቶት ፡ ወብዙኃ ፡ ፀዳል ፡ ኮከብ ፡
ተለአልከ ፡ እምነ ፡ አርዌ ፡ በዘዚአከ ፡ ጥበብ ፡
ወበይዋሔከ ፡ እምየዋህ ፡ ርግብ ።

ሰላ[ም] ፡ ለበድነ ፡ ሥጋከ ፡ በግዕዘ ፡ ኵሉ ፡ አበው ፡
በኀበ ፡ ሕያው ፡ አምላክ ፡ እንዘ ፡ ውእቱ ፡ ሕያው ፡
ዘዮ[ሐንስ] ፡ አፈው ፡
ይረውጹ ፡ ፍኖተ ፡ ገድል ፡ በመዓዛከ ፡ ቀድው ፡
እለ ፡ ውስተ ፡ ገዳም ፡ ወደብር ፡ ቀዱሳን ፡ ዕደው ።

ሰላ[ም] ፡ ለግንዘተ ፡ ሥጋከ ፡ እለ ፡ ላእሌሁ ፡ ፈጸሙ ፡
| 35 r° *a* ሥርግዋነ ፡ ፍቅር ፡ አር|ዳዕ ፡ ሥርዓተ ፡ ሰብእ ፡ ኵሎሙ ፡
ዘዮሐ[ንስ] ፡ መጽሐፍ ፡ ዘኢይትፈታሕ ፡ ማኅተሙ ፡
አንከሩ ፡ እምትእዛዝከ ፡ ወእምሕግከ ፡ ተደሙ ፡
እለ ፡ እምኔከ ፡ ተወልዱ ፡ ቀዲሙ ።

ሰላ[ም] ፡ ለመቃብሪከ ፡ መካነ ፡ ሰላም ፡ ወዕርቅ ፡
እለ ፡ በውስቴታ ፡ ተረክቡ ፡ መንፈሳውያን ፡ ደቂቅ ፡
ዘዮሐ[ንስ ፡] ወልዱ ፡ ለተክለ ፡ ሃይማኖት ፡ ጻድቅ ፡
ማዕምረ ፡ እምአመ ፡ ኮንከ ፡ በስብከተ ፡ ገብርኤል ፡ ሊቅ ፡
ደብረ ፡ ሊባኖስ ፡ ሐፃኒትከ ፡ ትዌድሰከ ፡ በጻሕቅ ።

ተዓብዮ ፡ | ነፍስየ ፡ ለእግዚአብሔር ፡ እስመ ፡ ጸውአኒ ፡ በሥምረቱ ፡ | 35 rº *b*
ውዳሴ ፡ መልክዕከ ፡ እንግር ፡ እስከ ፡ ፍጻሜሁ ፡ እምጥንቱ ፡
ዘዮሐን[ስ ፡] ዘንተ ፡ ተዘኪረከ ፡ ባሕቱ ፡
ጸውአ ፡ ስምከ ፡ ለዘበሕሊና ፡ እፈቱ ፡
እምፃማ ፡ እዴከ ፡ ሀበኒ ፡ በከንቱ ፡

ዘየሐንስ ፡ ኖኅ ፡ አመ ፡ ድምሳሴ ፡ ሰብአ ፡ በጽሐ ፡
ለጸድቀ ፡ ሃይማኖት ፡ ኮንከ ፡ ወራሲሃ ፡
ዘብዙሕ ፡ ኅበሪሃ ።

ሰ[ለም] ፡ ዘዮሐንስ ፡ ኢዮብ ፡ በአለ ፡ ትእግሥት ፡ ፍጹም ፡
በመዋዕለ ፡ አጽ|ራር ፡ ዓቀብከ ፡ እምነ ፡ ድካም ፡ | 35 vº *a*
ሕሊናከ ፡ ብእሴ ፡ ሰላም ፡
ዘዮሐንስ ፡ ኤፍሬም ፡
ለእግዝእትነ ፡ ዕበያ ፡
ለተነግሮ ፡ ገብረከ ፡ መለኮት ፡ ኬንያ ፡
ነቢየ ፡ ወሐዋርያ ።
ሰ[ለም] ፡ ለተክለ ፡ ሃይማኖት ፡ መምህር ፡
ዘዮሐንስ ፡ ውልዱ ፡
ነገሥታተ ፡ ምድር ፡ ለከ ፡ እስከ ፡ ይሰግዱ ፡
ተለአልከ ፡ ውስተ ፡ አጸዱ ፡

ሰ[ላም ፡] ዕፂያተ ፡ ምድር ፡ ሥጋከ ፡ ወርእሰከ ፡ ከበቱ ፡
ዘዮሐንስ ፡ ማር ፡ ጊዜ ፡ ምጽአቱ ፡
ነጽሮቱ ፡ እምዝ ፡ ይፈቱ ።

ሰ[ላም ፡] ኀበ ፡ ሀለወ ፡ ተሀሉ ፡ ማኅበረ ፡ በኵር ፡ ክርስቶስ ፡
ዘዮሐ[ንስ ፡] | ጸርከ ፡ ክበደ ፡ ተጽናስ ፡ | 35 vº *b*
ዘይቀትል ፡ ሕይወተ ፡ ነፍስ ፡

ሶበ ፡ ላዕሌየ ፡ ተንሥኡ ፡ ዕደው ፡ ሙስና ፡ ወሐጕል ፡ ፩ኃይልከ ፡ ገብርኤል ፡
ፀወነ ፡ መድኃኒት ፡ ይኮነኒ ፡ ወምስካየ ፡ ሣህል ፡
ፄና ፡ ኵሉ ፡ ዘዮሐንስ ፡ ኮል ።

V

HISTOIRE DE LA CONSTRUCTION DE L'ÉGLISE DE ST. GABRIEL A KEBRĀN

| 1 r° *a* | ንጽሕፍ ፡ መጽሐፈ ፡ ታሪክ ፡ ዘገብረ ፡ ንጉሥነ ፡ ኢያሱ ፡ ዘስመ ፡ መንግሥቱ ፡ አድያም ፡ ሳገድ[1] ፡ ለደሴተ ፡ ክብራ ፡ በወርኃ ፡ መንግሥቱ ። አመ ፡ ሐነፀ ፡ መቅደሰ ፡ ገብርኤል ፡ ቀዳሚ ፡ ወሀበ ፡ ጌራ ፡ ርእሱ ፡ ዘውእቱ ፡ ዘውድ ። ወዳግመ ፡ ቀናተ ፡ ሐቌሁ ፡ ዘወርቅ ፡ ዘውእቱ ፡ ዝናር ። ወኵሉ ፡ ዲናረ ፡ ወርቅ ፡ ፻ወ፲ዘወሀበ ፡ ንጉሥ ፡ ለኅንፃ ፡ ቤተ ፡ ክርስቲያን ። ዓዲ ፡ አዘዞሙ ፡ ንጉሥ ፡ ለዴንሳ ፡ ወለኤልማና ፡ ለባሕር ፡ ወለአሩሲ ፡ ወለደግባሳ ፡ ያመጽኡ ፡ ኖራ ፡ ዘየአክል ፡ ለኅንፃ ። ወአምጽአ ፡ ላታ ፡ ደንገል ፡ ዘይከውን ፡

| 1 r° *b* ለታንኳ ፡ እንዘ ፡ አለቃ|ሁ ፡ በዶዬ ። ኤልያስኒ ፡ ሥዩመ ፡ ጋላ ፡ ዘምድረ ፡ ደራ ፡ አምጽአ ፡ ጭረተ ። ወደቂቀ ፡ አቡቴ ፡ ወጠርሴዳ ፡ ወበዶዬ ፡ አምጽኡ ፡ ሳንቃ ፡ ዘየአክል ፡ ለቤተ ፡ ክርስቲያን ። ወመጽአ ፡ ፀርብ ፡ እምኳኵራ ፡ እንዘ ፡ ቤት ፡ ወደድ ፡ ሽማት ፡ ዮሐንስ ። ወመጽአ ፡ ሣዕር ፡ እምልጀሜ ፡ ወሞሽ ። መቃንኒ ፡ ምስለ ፡ መድረክ ፡ ወጉበን ፡ እምድረ ፡ ወንዠጣ ፡ በእደ ፡ ነጬ ፡ አዳዎ ። ወአዘዞ ፡ ንጉሥ ፡ ለከንቲባ ፡ ቄርሎስ ፡ ከመ ፡ ያምጽእ ፡ ዕብነ ፡ በረቀ ፡ እምነ ፡ ምንዝሮ ፡ እስከ ፡ ጉልቃባ ፡ በእደ ፡ ነፍጠኛ ፡ ወኵሎሙ ፡ ሰብአ ፡ ሀገር ፡ እኂዘ ፡ እምደንቀጽ ፡ እስከ ፡ ዓረብያ ፡

| 1 v° *a* ከመ ፡ ይኩን ፡ አምደ ፡ ለቤተ ፡ ክርስቲያን ፡ | ወወሀበ ፡ ንጉሥ ፡ ፲ሐናጽያነ ፡ ወ፻ነሀብተ ፡ ሲሳዮሙኒ ፡ ፳፻ጭነት[2] ፡ እምነ ፡ ገንዠ ። ወ፳ፍሪዳ ። ወተወጥነ ፡ ሕንፃ ፡ በወርኃ ፡ መጋቢት ፡ እንዘ ፡ መምሕረ ፡ ደብር ፡ አባ ፡ መልክዓ ፡ ክርስቶስ ፡ ወገበዝሂ ፡ አባ ፡ መልክዓ ፡ ክርስቶስ ። ወራቀ ፡ ማስራ ፡ አባ ፡ በኃይለ ፡ ማርያም ፡ ወሊቀ ፡ አበው ፡ ልሳነ ፡ ክርስቶስ ። ወዓቃቤ ፡ ንዋይሂ ፡ ዘመጽአ ፡ ለኅንፃ ፡ ተክለ ፡ ማርያም ፡ ወተፈጸመ ፡ ውእቱ ፡ ሕንፃ ፡ በወርኃ ፡ መጋቢት ፡ እምዘ ፡ ተወጥነ ፡ በ፳ዓመት ። ተወጥነ ፡ በወርኃ ፡ መንግሥቱ ፡

[1] *Sic* ms. — [2] ''ን ፡ corrigé en ''ነት ፡

IV

COLOPHON DU MS. DES ACTES DE ZA-YOḤANNES

| [35 vº b] ንጽ[ሐ]ፍ ፡ ዜና ፡ አቡነ ፡ ዘዮሐንስ ፡ መምሕር ፡ ዘክብራን ፡ ወዜና ፡ ነገሥት ፡ ዘኮነ ፡ እምቀዳሚ ፡ እስከ ፡ ይእዜ ፡ ከመ ፡ ይኩን ፡ ዝክረ ። ዘቦአሰ ፡ አቡነ ፡ ዘዮሐንስ ፡ እምአመ ፡ ነግሡ ፡ ሐፄ ፡ አምደ ፡ ጽዮን ። በ፲ዓመት ፡ ወእምድኅረዝ ፡ ተሰይሙ ፡ | [36 rº a] መምሕራን ፡ ፍሬ ፡ ቂርቆስ ፡ ወጢሞቴዎስ ። ወእምዝ ፡ ነግሠ ፡ ሐፄ ፡ ሰይፈ ፡ አርዓድ ፡ ወሞተ ፡ ወእምዝ ፡ ተሰይመ ፡ መምሕር ፡ ነገደ ፡ ክርስቶስ ። ወእምዝ ፡ ነግሠ ፡ [1] ሐፄ ፡ ዳዊት ፡ ወእምዝ ፡ ተሰይመ ፡ መምሕር ፡ ጢምቴዎስ ፡ ወእምዝ ፡ ነግሠ [1] ፡ ሐፄ ፡ ይስሐቅ ፡ ወእምዝ ፡ ተሠይመ ፡ መምሕር ፡ አሮን ። ወእምዝ ፡ ነግሠ ፡ ሐፄ ፡ ቴዎድሮስ ። ወእምዝ ፡ ተሰይመ ፡ መምህር ፡ ሕፃን ፡ መዋዒ ። ወእምዝ ፡ ነግሠ ፡ ሕዝበ ፡ ናኝ ፡ ወበመዋዕሊሁ [2] ፡ ተሰይመ ፡ መምሕር ፡ መስቀል ፡ መዋዒ ። ወእምዝ ፡ | [36 rº b] ነግሠ ፡ ሐፄ ፡ ዘርአ ፡ ያዕቆብ ፡ ወበመዋዕሊሁ ፡ ተሰይመ ፡ መምሕር ፡ ፍሬ ፡ ማኅበር ፡ ወእምዝ ፡ ነግሠ ፡ ሐፄ ፡ በእደ ፡ ማርያም ፡ ወበመዋዕሊሁ ፡ ተሰይመ ፡ መምህር ፡ ኤርምያስ ። ወእምዝ ፡ ነግሠ ፡ ሐፄ ፡ እስክንደር ፡ ወበመዋዕሊሁ ፡ ተሰይመ ፡ መምሕር ፡ ዳንኤል ። ወእምዝ ፡ ነግሠ ፡ ናኦድ ፡ ወበመዋዕሊሁ ፡ ተሰይመ ፡ መምሕር ፡ ኢሳይያስ ። ወእምዝ ፡ ነግሠ ፡ ወናግ ፡ ሰገድ ፡ ወበመዋዕሊሁ ፡ ተሰይመ ፡ መምሕር ፡ ብርሃነ ፡ መስቀል ። ፀዓቱሰ ፡ እምብሔረ ፡ ሸዋ ፡ | [36 vº a] እምአመ ፡ ሞተ ፡ አቡነ ፡ ተክለ ፡ ሃይማኖት ፡ በ፲ዓመት ፡ ወእምዝ ፡ በጽሐ ፡ ብሔረ ፡ አመብራ ፡ ውስተ ፡ ቤቱ ፡ ለገብርኤል ፡ ወስመ ፡ ብእሲቱ ፡ ክብራ ፡ እንዘ ፡ ይመርሆ ፡ ናብሊስ ፡ ዘውእቱ ፡ መልአክ ፡ ወኃደረ ፡ ውስተ ፡ ቤቶሙ ፡ ወቦአ ፡ ውስተ ፡ ደሴት ፡ እስመ ፡ ይዕቲ ፡ ክፍሉ ፡ በሥምረተ ፡ እግዚአብሔር ፡ ልዑል ፡ ወአዚዝ ፡ ተጸውኦተ ፡ መልአክነ ፡ ወደሴት ፡ በስመ ፡ ዚአሆሙ ፡ ኮነ ።

[1] Ms. ነገሠ ፡ — [2] Ms. ''ዊ''.

ለአደያም ፡ ሰገድ ፡ ወተፈጸመ ፡ በወርኃ ፡ መንግሥቱ ፡ ለአድያም ፡ ሰገድ ፡ ወሀበ ፡ ንጉሥ ፡ ፲ወ|፩ጩን ፡[1] ሥርናየ ፡ በብርት ፡ እምነ ፡ ገንዝ ፡ ለቍር | 1 v° b ባን ፡ በበዓመት ። ወ፩ ዲናረ ፡ ወርቀ ፡ ለዕጣን ፡ ወለዘቢብ ፡ ወለማኅትው ፡ በበዓመት ። ባሕቱ ፡ እግዚአብሔር ፡ ይጽሐፍ ፡ ስሞ ፡ ውስተ ፡ መጽሐፈ ፡ ሕይወት ፡ ምስለ ፡ ማኅበረ ፡ በኵር ፡ ለዘገብረ ፡ ዘንተ ፡ ኵሎ ፡ በእንተ ፡ ፍቅሩ ፡ ለ<ገ>ገብርኤል ፡ ሊቀ ፡ መላእክት ፡ አሜን ።

| ተአምሪሁ ፡ ለሊቀ ፡ መላእክት ፡ ገብርኤል ፡ ጸሎቱ ፡ ወበረከቱ ፡ የሀሉ ፡ | 2 r^r a ምስለ ፡ ደቂቀ ፡ ዛቲ ፡ መቅደስ ፡ ለዓለመ ፡ ዓለም ፡ አሜን ። ወሀሎ ፡ ፩ሥዕል ፡ ዘሠዓሎ ፡ ፩ መነኮስ ፡ በስሙ ፡ ለሊቀ ፡ መላእክት ፡ ገብርኤል ፡ እንዘ ፡ ይዴምር ፡ ቀለም ፡ ምስለ ፡ አንብዑ ። ወእምድኅረ ፡ ፈጸሞ ፡ ለውእቱ ፡ ሥዕል ፡ ወሀቦ ፡ ለመኰንን ፡ ወውእቱ ፡ መኰንን ፡ እንዘ ፡ ይወስድ ፡ ውስተ ፡ ሀገሩ ፡ ተሰጥመ ፡ ሥዕል ፡ ውስተ ፡ አሐዱ ፡ ፈለግ ። ወነበረ ፡ ህየ ፡ እምጊዜ ፡ ፫ ሰዓት ፡ ተሠጢሞ ፡ እስከ ፡ ጊዜ ፡ ፯ ሰዓት ። ወእምድኅረ ፡ ፯ ሰዓት ፡ በጽሐ ፡ ኀበ ፡ ውእቱ ፡ ብእሲ ፡ ዘይጸውሮ ፡ እን|ዘ ፡ ይጸብት ። ወነበረ ፡ ውእ | 2 r° b ቱ ፡ ብእሲ ፡ ኀበ ፡ ጽንፈ ፡ ፈለግ ፡ እንዘ ፡ ይበኪ ፡ ብዙኃ ፡ በተሠጥሞቱ ፡ ለውእቱ ፡ ሥዕል ። ወሶበ ፡ በጽሐ ፡ ኀቤሁ ፡ እንዘ ፡ ይጸብት ፡ ከመ ፡ ሰብእ ፡ ርእዮ ፡ ከመ ፡ ኢለከፎ ፡ ማይ ፡ ምንተኒ ፡ ለውእቱ ፡ ሥዕል ፡ ዘተስዕለ ፡ በስሙ ፡ ለሊቀ ፡ መላእክት ፡ ገብርኤል ፡ አንከረ ፡ ፈድፋደ ፡ ወተፈሥሐ ፡ ወዘንተ ፡ ሰሚዖ ፡ መኰንን ፡ እምአፈ ፡ ውእቱ ፡ ብእሲ ፡ ዘይጸውሮ ፡ አስተዓፀበ ፡ እምዕበየ ፡ ተአምሪሁ ፡ ለሊቀ ፡ መላእክት ፡ ገብርኤል ፡ ወርእዮ ፡ ዘንተ ፡ ተአምረ ፡ ውእቱ ፡ መኰንን ፡ ወሀቦ ፡ ለ፩ መነኮስ ፡ ዘይነብር ፡ ውስተ ፡ ደሴተ ፡ ክብራ ፡ ውእተ ፡ ሥዕለ ፡ ከመ ፡ ይጸሊ ፡ | ቦቱ ። ለእሚሮ ፡ ውእቱ ፡ መኰ | 2 v° a ንን ፡ ከመ ፡ ታቦተ ፡ ገብርኤል ፡ ውእቱ ፡ ዘሀሎ ፡ ውስቴቱ ፡ መነኮስ ፡ ወአማኅፀኖ ፡ ከመ ፡ ኢይርሥዖ ፡ በጊዜ ፡ ጸሎት ። ወእምድኅረ ፡ ተመጠወ ፡ ውእተ ፡ ሥዕለ ፡ አንበሮ ፡ ውስተ ፡ ቤቱ ። ወኢያብኦ ፡ ውስተ ፡ ቤተ ፡ ክርቲያኑ ፡ ለሊቀ ፡ መላእክት ፡ ገብርኤል ፡ ወእምዝ ፡ አስተርአዮ ፡ ሊቀ ፡ መላእክት ፡ ገብርአል ፡ ለውእቱ ፡ መነኮስ ፡ ወይቤሎ ፡ ለምንት ፡ ታነብረኒ ፡ ውስተ ፡ ቤትከ ፡ ወኢታበውአኒ ፡ ውስተ ፡ ቤትየ ። ወእምድኅረ ፡ ሰምዓ ፡ ዘንተ ፡ እም

[1] *Sic* ms.

ቃለ ፡ ገብርኤል ፡ መልአክ ፡ ተሀየየ ፡ ውእቱ ፡ መነኮስ ። ወበአንተ ፡ ዕለት ፡
| 2 v° b አምጽአ ፡ ላዕ|ሌሁ ፡ ደዌ ፡ ዕፁበ ። ወእምድኅረ ፡ ረከቦ ፡ ደዌ ፡ ለውእቱ ፡
መነኮስ ፡ ተዘከረ ፡ ቃሎ ፡ ለመልአክ ፡ ገብርኤል ፡ ወይቤ ፡ ንሥኡ ፡ ዘንተ ፡
ሥዕለ ፡ ወአብእዎ ፡ ውስተ ፡ ቤተ ፡ ክርስቲያን ፡ ከመ ፡ ይጸልዩ ፡ ቦቱ ፡ ኵ
ሎሙ ፡ አኃው ። ወእምዝ ፡ ወሰድዎ ፡ ውስተ ፡ ቤተ ፡ ክርስቲያኑ ፡ ለሊቀ ፡
መላእክት ፡ ወእምአሚሃ ፡ ዕለት ፡ እስከ ፡ ይእዜ ፡ ሀሎ ፡ እንዘ ፡ ይገብር ፡
ተአምረ ፡ በበጊዜሁ ። ወእምድኅረ ፡ ኃለፈ ፡ ብዙኅ ፡ ዘመን ፡ ሐመ ፡ ወልደ ፡
ንጉሥ ፡ ወሶበ ፡ ጸንዓ ፡ ላዕሌሁ ፡ ደዌ ፡ ይቤ ፡ አምጽኡ ፡ ሊተ ፡ ሥዕሎ ፡
| 3 r° a ለሊቀ ፡ መላእክት ፡ ገብርኤል ፡ ወእንዘ ፡ ይወስድዎ ፡ ለውእቱ ፡ | ሥዕል ፡
ተሰጥመ ፡ ውስተ ፡ ማይ ፡ ከመ ፡ ቀዳሚ ፡ ወወጽአ ፡ እንዘ ፡ ኢይለክፎ ፡
ማይ ፡ ወርእዮሙ ፡ ዘንተ ፡ እለ ፡ ይወስድዎ ፡ አንከሩ ፡ እምዕበየ ፡ ተአምራ
ቲሁ ፡ ለሊቀ ፡ መላእክት ፡ ገብርኤል ፡ ወነገሩ ፡ ለሕዝብ ፡ ኵሉ ፡ ዘርእዩ ።
ጸሎቱ ፡ ወበረከቱ ። ለሊቀ ፡ መላእክት ፡ ገብርኤል ፡ የሀሉ ፡ ምስለ ፡ ኵልነ ፡
ደቂቀ ፡ ክብራን ፡ ለዓለመ ፡ ዓለም ፡ አሜን ።

ናሁ ፡ ንነግረክሙ ፡ ኦአኃው ፡ ፍቁራን ። ዕበየ ፡ ተአምሪሁ ፡ ለሊቀ ፡ መላ
እክት ፡ ገብርኤል ፡ ዘይቀውም ፡ ቅድመ ፡ እግዚአብሔር ፡ ወይስእል ፡ ምሕ
| 3 r° b ረተ ፡ ለውሉደ ፡ ሰብእ ። | ዘኮነ ፡ በወርኃ ፡ መንግሥቱ ፡ ለንጉሥነ ፡ ኢያሱ ፡
ከመ ፡ ትስምዑ ፡ በዕዝነ ፡ ሕሊና ፡ ወታስተሐይጹ ፡ በዓይነ ፡ ልቡና ። ዘይከ
ውን ፡ በቍዔተ ፡ ለኵሉ ፡ ዓለም ። እምብዙኅ ፡ ኀዳጠ ፡ ወእምነዊህ ፡ ሐፁረ ።
እምዘ ፡ ነግሠ ፡ በ፬ አውራኅ ፡ መጽአ ፡ ንጉሥ ፡ ኢያሱ ፡ ምስለ ፡ ሠራዊቱ ፡
ከመ ፡ የሐውፅ ፡ አድባራተ ፡ ወደሰያተ ። እንዘ ፡ የሐሥሥ ፡ ጸሎተ ፡ እመ
ነኮሳት ። ወሐወፃ ፡ ለክብራን ፡ መቅደመ ፡ ኵሎን ፡ ደሰያት ። ወተዛወያ ፡ በ
ኀድአተ ፡ ለመምሕረ ፡ ይእቲ ፡ ደሴት ፡ ዘይብልዎ ፡ አቡነ ፡ መልክዓ ፡ ክርስ
| 3 v° a ቶስ ፡ ወይቤሎ ፡ ምንተ ፡ እገብር ፡ ለከ ፡ ንግረኒ ፡ ፈቃደ ፡ | ልብከ ፡ ኵሎ ።
ወተሠጥዎ ፡ ወይቤሎ ፡ ውእቱ ፡ አቡነ ፡ እነግረከ ፡ ኵሎ ፡ ዘውስተ ፡ ልብየ ፡
ኀበ ፡ ነበርከ ፡ ወአዕረፍከ ። ወሶቤሃ ፡ ሐሠሠ ፡ መካነ ፡ ዕረፍት ፡ ወነበሩ ፡
ክልኤሆሙ ። ወአግሐሡ ፡ ኵሎ ፡ ሰብአ ። ወይቤሎ ፡ ውእቱ ፡ አቡነ ፡ ለንጉ
ሥ ፡ ኢያሱ ፡ ርኢ ፡ ኦንጉሥ ፡ ንስተታ ፡ ለቤተ ፡ ክርቲያን ፡ እንተ ፡ ይእቲ ፡
መቅደሰ ፡ ሊቀ ፡ መላእክት ፡ ገብርኤል ። ይእዜኒ ፡ ፈቃደ ፡ ልብየ ፡ ውእቱ ፡

ከመ ፡ ትሕንፅ ፡ ማኅደሮ ፡ ለሊቀ ፡ መላእክት ፡ ገብርኤል ። ወኢያፃምወከ ፡ ሐንፃሁ ። እስመ ፡ ኢይትነሠት ፡ አረፍቱ ፡ ለላ ፡ ትዌስክ ፡ ዲቤሁ ፡ ፩እመተ ፡ ለው ፡ ፩ተ ። ወአልብ|የ ፡ ካልዕ ፡ ዘአሐሥሥ ፡ እምኔከ ፡ እንበለ ፡ ዝንቱ ። | 3 v° b ቀዳሚኒ ፡ ሰማዕነ ፡ እምአፈ ፡ ቀዱሳን ፡ እንዘ ፡ ይብሉ ፡ በደኃሪ ፡ መዋዕል ፡ ይነግሥ ፡ ንጉሥ ፡ ዘይብልዎ ፡ ኢያሱ ፡ ወውእቱ ፡ የሐንጻ ፡ ለመቀደሰ ፡ ሊቀ ፡ መላእክት ፡ ገብርኤል ፡ ወሰሚዖ ፡ ዘንተ ፡ ነገረ ፡ ንጉሥ ፡ ይቤሎ ፡ ለአቡነ ፡ ኢየአክለከኑ ፡ ፺ዲናረ ፡ ወርቀ ። ወይቤሎ ፡ አቡነ ፡ ኦንጉሥ ፡ ኢይትፌጸም ፡ ፺ዲናረ ፡ ወርቀ ። ወይቤሎ ፡ እፎኑ ፡ ለከ ፡ ወተባረከ ፡ እምኔሁ ፡ ወሖረ ፡ ውስተ ፡ ትዕይንት ። ወእምድኅረ ፡ ዝንቱ ፡ ወጽአ ፡ ንጉሥ ፡ እምነ ፡ ትዕይንት ፡ በወርኃ ፡ ሰኔ ፡ ከመ ፡ ይንዓው ፡ አራዊተ ። ወእንዘ ፡ ይንዑ ፡ አራዊተ ፡ አመ ፡ | ፲ወ፱ለወርኃ ፡ ሰኔ ፡ ዘውእቱ ፡ በዓለ ፡ መልአክ ፡ ክቡር ፡ ገብርኤል ፡ ወሶ | 4 r° a ቤሃ ፡ ተፃብዓቶ ፡ አኃቲ ፡ አርዌ ፡ ወአውደቀቶ ፡ እምነ ፡ ፈረሱ ፡ ወወግዓቶ ፡ በአቀርንቲሃ ፡ ታሕተ ፡ ብረኪሁ ፡ እስከ ፡ በጽሐ ፡ ለሞት ። ወእምዝ ፡ አስተርአዮ ፡ ሊቀ ፡ መላእክት ፡ ገብርኤል ፡ ወተናገሮ ፡ ሰላመ ፡ ወዳኅና ። እንዘ ፡ ይጼልሎ ፡ በክነፊሁ ። ወበይእቲ ፡ ዕለት ፡ አምሰጠት ፡ ነፍሱ ፡ ለንጉሥ ፡ እምነ ፡ ሞት ፡ ወነጺሮ ፡ ንጉሥ ፡ ዘንተ ፡ ተአምረ ፡ ተፈሥሐ ፡ ፈድፋደ ፡ ወገብአ ፡ ውስተ ፡ ትዕይንት ፡ እንዘ ፡ ይትፌሣሕ ፡ በኃይለ ፡ ረድኤቱ ፡ ለሊቀ ፡ መላእክት ፡ ገብርኤል ፡ ወእምዝ ፡ ነሥአ ፡ ንጉሥ ፡ አክሊለ ፡ ርእሱ ፡ | ወሰበረ ፡ | 4 r° b ወደለወ ፡ ወርቀ ፡ ወኮነ ፡ ድልወቱ ፡ ፸ወ፩ቱ ። ወፈነወ ፡ ኀበ ፡ ደሴት ፡ እንተ ፡ ይእቲ ፡ ክብራን ፡ እንዘ ፡ ይብል ፡ ኅንፁ ፡ ሊተ ፡ በዝንቱ ፡ ዲናረ ፡ ወርቀ ። ማኅደሮ ፡ ለሊቀ ፡ መላእክት ፡ ገብርኤል ፡ ወተመጢዎሙ ፡ ውእተ ፡ ወርቀ ፡ መነኮሳት ፡ ጸለዩ ፡ ለንጉሥ ። ዝንቱ ፡ ኵሉ ፡ ዘኮነ ፡ እምዕበየ ፡ ተአምረሁ ፡ ለሊቀ ፡ መላእክት ፡ ገብርኤል ። ትንብልናሁ ፡ የሀሉ ፡ ምስለ ፡ ኵልነ ፡ ደቂቀ ፡ ክብራን ፡ ለዓለመ ፡ ዓለም ፡ አሚን ።

ተአምረሁ ፡ ለሊቀ ፡ መላእክት ፡ ገብርኤል ፡ ጸሎቱ ፡ ወበረከቱ ፡ የሀሉ ፡ ምስለ ፡ ደቂቀ ፡ ክብራን ፡ ለዓለመ ፡ ዓለም ፡ አሚን ። ወእምድኅረ ፡ ተመጠወ ፡ ውእተ ፡ ወርቀ ፡ | እምንጉሥ ፡ ዘውእቱ ፡ ጌራ ፡ ርእሱ ። እሙንቱ ፡ መነኮሳ | 4 v° a ት ፡ ነሠቱ ፡ አረፍታ ፡ ወጠፈራ ፡ ለመቀደሰ ፡ ሊቀ ፡ መላእክት ፡ ገብርኤል ፡ እንተ ፡ በልየት ፡ እምብዝኃ ፡ ዘመን ። አመ ፡ ፱ለወርኃ ፡ ኅዳር ፡ ወእንዘ ፡

ይነሥቱ ፡ ጠፈረ ፡ ከሠተ ፡ ኃይሎ ፡ ሊቀ ፡ መላእክት ፡ ገብርኤል ፡ በላዕለ ፡
፩ብእሲ ። ወዝ ፡ ውእቱ ፡ ኃይሉ ፡ ዘገብረ ፡ ተመልሐ ፡ ፩ፀርብ ፡ ዘቆሙ ፡
፳ወ፯በእመት ፡ እምነ ፡ ጠፈር ፡ ቀዊሞ ፡ እንዘ ፡ ይኔጽር ፡ ውእቱ ፡ ብእሲ ፡
አንፃረ ፡ ቤተ ፡ ክርስቲያን ፡ ወደጐፆ ፡ አጽመ ፡ አዕይንቲሁ ። ወተበትከ ፡
| 4 v° b ዐቢይ ፡ ኅበጥ ፡ ዘነበረ ፡ ዲቤሁ ፡ ብዙ|ኃ ፡ ዘመነ ። ወኢለከፎ ፡ ኅዳጠ ፡ ለ
ዓይኑ ፡ ወወድቀ ፡ ውእቱ ፡ ውስተ ፡ ምድር ፡ ወኢተዓውቀ ፡ ሕማም ፡ ለው
እቱ ፡ ብእሲ ፡ አላ ፡ ረከበ ፡ ፈውሰ ፡ ዐቢየ ፡ በይእቲ ፡ ሰዓት ፡ ወኵሎሙ ፡
አንከሩ ፡ ርእዮሙ ፡ ዘንተ ፡ ተአምረ ፡ እለ ፡ ነበሩ ፡ ምስሌሁ ፡ ዘኮነ ፡ እምዕ
በየ ፡ ተአምሪሁ ፡ ለሊቀ ፡ መላእክት ፡ ገብርኤል ፡ ትንብልናሁ ፡ የሀሉ ፡ ም
ስለ ፡ ኵልነ ፡ ደቂቀ ፡ ክብራን ፡ ለዓለመ ፡ ዓለም ፡ አሜን ፡

ተአምሪሁ ፡ ለሊቀ ፡ መላእክት ፡ ገብርኤል ፡ ጸሎቱ ፡ ወበረከቱ ፡ የሀሉ ፡ ም
ስለ ፡ ደቂቀ ፡ ዛቲ ፡ መቀደስ ፡ ለዓለመ ፡ ዓለም ፡ አሜን ። ወእምድኅረ ፡ ነሠ
| 5 r° a ቱ ፡ ቤተ ፡ | ክርስቲያኑ ፡ ለሊቀ ፡ መላእክት ፡ ገብርኤል ፡ አስተጋብኡ ፡ ቀ
ንዋተ ፡ ሐዊን ፡ ዘተለክዓ ፡ ቦቶን ፡ ፀርብ ፡ ምስለ ፡ ቀመር ። ወወሀቡ ፡ ለነ
ሀብት ፡ ከመ ፡ ያመክሩ ፡ በእሳት ፡ ይረስይዎሙ ፡ አሐደ ። ወመጽአ ፡ ፩ብ
እሲ ፡ አምእለ ፡ ተጋብኡ ፡ ለነሢተ ፡ ቤተ ፡ ክርቲያን ፡ ወሠረቀ ፡ ፲ቀንዋተ ፡
እንዘ ፡ ይብልዎ ፡ እሙንቱ ፡ ነሀብት ። ኅድግ ፡ ወኢትግበር ፡ ዘንተ ፡ ነገረ ፡
ከመ ፡ ኢይትመዓዕ ፡ ላዕሌከ ፡ ሊቀ ፡ መላእክት ፡ ገብርኤል ፡ ወሰሚዖ ፡ ው
እቱ ፡ ብእሲ ፡ ሖረ ፡ ከመ ፡ ዘኢሰምዓ ፡ እኂዞ ፡ እሎንተ ፡ ቀንዋተ ፡ ዘሠረቀ ፡
| 5 r° b ወተፅዕነ ፡ ዲበ ፡ ሐመር ፡ ም|ስለ ፡ ቢጹ ። ወእንዘ ፡ ይበጽሕ ፡ ለወጺእ ፡
ውስተ ፡ ሐይቅ ፡ ተንሥአ ፡ ውእቱ ፡ ሠራቂ ፡ እምሐመር ፡ ወተወርወ ፡ ው
ስተ ፡ ባሕር ፡ ወተሠጥመ ፡ ከመ ፡ ዕብን ። ወአውጽኡ ፡ በድኖ ፡ እምባሕር ፡
ኵሎሙ ፡ ሰብአ ፡ ሀገር ፡ አሚሃ ፡ ተረክቡ ፡ እልክቱ ፡ ቀንዋት ፡ ውስተ ፡ ሐ
ቌሁ ። ወበሳኒታ ፡ አምጽአ ፡ ውእቱ ፡ ቢጹ ፡ ዘነበረ ፡ ምስሌሁ ፡ ወወሀበ ፡
ለሰብአ ፡ ደብር ። ከመ ፡ ይትከሠት ፡ ዕበየ ፡ ተአምሪሁ ፡ ለሊቀ ፡ መላእክ
ት ፡ ገብርኤል ፡ ተንብልናሁ ፡ ወኀብተ ፡ ረድኤቱ ፡ የሀሉ ፡ ምስለ ፡ ኵልነ ፡
ደቂቀ ፡ ክብራን ፡ ለዓለመ ፡ ዓለም ፡ አሜን ።

| 5 v° a ተአምሪሁ ፡ ለሊቀ ፡ መላእክት ፡ ገብርኤል ፡ | ጸሎቱ ፡ በረከቱ ፡ የሀሉ ፡
ምስለ ፡ ደቂቀ ፡ ዛቲ ፡ መቀደስ ፡ ለዓለመ ፡ ዓለም ፡ አሜን ። ወእምድኅረዝ ፡

ወጠኑ ፡ ሐኒፀ ፡ ቤቱ ፡ ለሊቀ ፡ መላእክት ፡ ገብርኤል ፡ አመ ፡ ፲ወ፭ለመጋቢት ፡ ጊዜ ፡ ፯ሰዓት ፡ በወርኃ ፡ መንግሥቱ ፡ ለኢየሱ ፡ ወእንዘ ፡ የሐንጹ ፡ ቤቶ ፡ ኮነ ፡ ኃይል ፡ ብዙኅ ፡ ወአስተርአየ ፡ ተአምር ፡ ዐቢይ ። ወዝ ፡ ውእቱ ፡ ተአምር ፡ ኵሎሙ ፡ እለ ፡ የሐንፁ ፡ ይውዕሉ ፡ ወይትቀነዩ ፡ እስከ ፡ ይመሲ ። ወበጊዜሃ ፡ የአትው ፡ ቤቶሙ ፡ ወበጽባሕ ፡ ይረክብዎ ፡ ለውእቱ ፡ ሕንፃ ፡ ነቀሃ ፡ እምዘ ፡ ትማልም ። ወበአኃቲ ፡ ዕለት ፡ እምዕለታት ፡ ሶበ ፡ ሰፈሩ ፡ ዘወዓሉ ፡ ቦቱ ፡ | [5 v° b] ኮነ ፡ በእመት ፡ ፲ወአሚሃ ፡ ገብኡ ፡ ቤቶሙ ። ወበጽባሕ ፡ ሶበ ፡ ሰፈርዎ ፡ ኮነ ፡ ፳በእመት ፡ ውእቱ ፡ ሕንፃ ። ወርእዮ ፡ ውእቱ ፡ ሊቀ ፡ ፀረብት ፡ ዘንተ ፡ ተአምረ ፡ አንከረ ። ወይቤሎ ፡ ሊቀ ፡ መላእክት ፡ ገብርኤል ፡ ለውእቱ ፡ ሊቀ ፡ ፀረብት ፡ በሕልም ። ኅድግ ፡ ኢታንክር ፡ እስመ ፡ አኮ ፡ አንተ ፡ ዘተሐንፅ ፡ ቤትየ ፡ በጥበብከ ፡ አላ ፡ አነ ፡ ዘአሐንፅ ። ወሰሚዖ ፡ ዘንተ ፡ ተፈሥሐ ፡ እምዐበየ ፡ ተአምሪሁ ፡ ለሊቀ ፡ መላእክት ፡ ገብርኤል ፡ ትንብልናሁ ፡ ለዝንቱ ፡ መልአክ ፡ የሀሉ ፡ ምስለ ፡ ኵልነ ፡ ደቂቀ ፡ ክብራን ፡ ለዓለመ ፡ ዓለም ።

| [6 r° a] ተአምሪሁ ፡ ለሊቀ ፡ መላእክት ፡ ገብርሌል ፡ ጸሎቱ ፡ ወበረከቱ ፡ የሀሉ ፡ ምስለ ፡ ኵልነ ፡ ደቂቀ ፡ ክብራን ። ለዓለመ ፡ ዓለም ፡ አሜን ። ስምዑ ፡ ዘንተ ፡ ዕበየ ፡ ተአምሪሁ ፡ ለሊቀ ፡ መላእክት ፡ ገብርኤል ፡ ኵልክሙ ፡ አሕዛብ ፡ ዘገብረ ፡ በላዕለ ፡ ፩ሐናፂ ። ወአኃተ ፡ ዕለተ ፡ እንዘ ፡ ያቀውም ፡ ራግዛተ ፡ ጠበቆን ፡ ለ፭አፃብዒሁ ፡ ውእቱ ፡ ራግዛት ፡ እስከ ፡ በጽሐ ፡ ለተመትሮ ። ወአሚሃ ፡ ተጋብኡ ፡ ኵሎሙ ፡ ሕዝብ ፡ ከመ ፡ ያእትቱ ፡ ራግዛተ ፡ ወያውጽኡ ፡ አፃብዒሁ ። ወዐበየ ፡ ውእቱ ፡ ራግዛት ፡ ወኢተአተተ ። ወሶቤሃ ፡ አውየው ፡ ኵሎሙ ፡ ሕዝብ ፡ ኀበ ፡ እግዚአብሔር ፡ ወሊቀ ፡ | [6 r° b] መላእክት ፡ እንዘ ፡ ይስእሉ ፡ ምሕረተ ። ወይቤ ፡ ውእቱ ፡ ሐናፂ ፡ ሀቡኒ ፡ መፍጽሐ ። ወአሚሃ ፡ ወሀብዎ ፡ መፍጽሐ ። ወአዕተቶ ፡ ባሕቲቱ ፡ በምፍጽሕ ፡ እምላዕለ ፡ አፃብዒሁ ፡ ለውእቱ ፡ ራግዛት ፡ ዘዓበየ ፡ ለኵሉ ፡ ሕዝብ ። ወኢተዓውቀን ፡ ሕማም ፡ ለአፃብዒሁ ። ወሐይወ ፡ ውእቱ ፡ ሐናፂ ፡ በይእቲ ፡ ሰዓት ፡ እምነ ፡ ዝንቱ ፡ መከራ ፡ ወርእዮሙ ፡ ኵሉ ፡ ሕዝብ ፡ ዘንተ ፡ ተአምረ ፡ አንከሩ ፡ ወተፈሥሑ ፡ ወሰብሕዎ ፡ ለእግዚአብሔር ፡ ወአዕበዩ ፡ ዝክሮ ፡ ለሊቀ ፡ መላእክት ፡ ገብርኤል ፡ ትንብልናሁ ፡ የሀሉ ፡ ምስለ ፡ ኵልነ ፡ ደቂቀ ፡ ክብራን ፡ ለዓለመ ፡ ዓለም ።

[6 vº a] | ተአምሪሁ ፡ ለሊቀ ፡ መላእክት ፡ ገብርኤል ፡ ጸሎቱ ፡ ወበረከቱ ፡ የሀሉ ፡ ምስለ ፡ ኵልነ ፡ ደቂቀ ፡ ክብራን ፡ ለዓለመ ፡ ዓለም ። ንዑ ፡ ኵልክሙ ፡ አሐዛብ ፡ ትርአዩ ፡ ዘንተ ፡ ተአምረ ፡ ዘገብረ ፡ ሊቀ ፡ መላእክት ፡ ገብርኤል ፡ በወርኃ ፡ መንግሥቱ ፡ ለኢያሱ ፡ ወአንዙ ፡ ይኀንፁ ፡ አሙንቱ ፡ ነደቅት ፡ አምደ ፡ ቤተ ፡ መቀደስ ፡ እንዘ ፡ ያነብሩ ፡ ዕብነ ፡ ዲበ ፡ ዕብን ፡ ወኮነ ፡ አምጣኒሁ ፡ አሠርተ ፡ ወክልኤቱ ፡ በእመት ። ወአኃተ ፡ ዕለተ ፡ ከመ ፡ ይትከሠት ፡ ተአምሪሁ ፡ ለሊቀ ፡ መላእክት ፡ ገብርኤል ፡ ወረደ ፡ ዐቢይ ፡ ዕብን ፡ ዘየአክል ፡ ማኅረፀ ፡ እምላዕለ ፡ ውእቱ ፡ [6 vº b] | አምድ ፡ ወወድቀ ፡ ዲበ ፡ ርእሰ ፡ ፩ብእሲ ፡ ወኮነ ፡ ፪ተ ፡ ክፍለ ፡ ውእቱ ፡ ዕብን ። ወኢመሰሎ ፡ ለውእቱ ፡ ብእሲ ፡ ከመ ፡ ዘለከፎ ፡ ፀበለ ፡ ምድር ። ወአልቦ ፡ ዘተረከበ ፡ ላዕሌሁ ፡ አሠረ ፡ ሕማም ። ወእለ ፡ ርእዩ ፡ ሕዝብ ፡ እንዘ ፡ ይወድቀ ፡ ላዕሌሁ ፡ ዕብን ፡ ደንገፁ ፡ ወይቤልዎ ፡ እፎ ፡ ኮንከ ። ወይቤሎሙ ፡ ዳኅን ፡ አነ ፡ ወኢተአውቀኒ ፡ ድቀተ ፡ ዕብን ፡ ዲበ ፡ ርእስየ ። መሰለኒ ፡ ዘለከፈኒ ፡ ክንፈ ፡ ርግብ ። ሚየዓጽብ ፡ ለዘይሰምዖ ፡ ወለዘይኔልዮ ፡ ዝንቱ ፡ ዐበየ ፡ መልአከ ፡ ገብርኤል ፡ ዘአድኅነ ፡ ርእሰ ፡ ብእሲ ፡ እምድኅረ ፡ ወድቀ ፡ ላዕሌሁ ፡ ዕብን ፡ እ[7 rº a]|ምነ ፡ ተቀጥቀጠ ፡ ወተሰብሮ ፡ ወቀጥቀጠ ፡ ዕብነ ፡ ሶበ ፡ ወድቀ ፡ ዲበ ፡ ርእሰ ፡ ብእሲ ። ትንብልናሁ ፡ ለሊቀ ፡ መላእክት ፡ ገብርኤል ፡ የሀሉ ፡ ምስለ ፡ ኵልነ ፡ ደቂቀ ፡ ክብራን ፡ ለዓለመ ፡ ዓለም ።

ተአምሪሁ ፡ ለሊቀ ፡ መላእክት ፡ ገብርኤል ፡ ጸሎቱ ፡ ወበረከቱ ፡ የሀሉ ፡ ምስለ ፡ ኵልነ ፡ ደቂቀ ፡ ዛቲ ፡ መቀደስ ፡ ለዓለመ ፡ ዓለም ፡ አሜን ። ርእዩ ፡ ዘገብረ ፡ እግዚአብሔር ፡ ተአምረ ፡ ወመንክረ ፡ በእደዊሁ ፡ ለሊቀ ፡ መላእክት ፡ ገብርኤል ፡ ኦአኃው ፡ ፍቁራን ፡ ዘተሣየጠክሙ ፡ ክርስቶስ ፡ በደሙ ፡ ወአግዓዘክሙ ፡ እምቀኔሁ ፡ ለሰይጣን ። እንዘ ፡ የሐንጹ ፡ [7 rº b] | አምደ ፡ ቤተ ፡ መቀደስ ፡ ነደቅት ፡ እምድኅረ ፡ ኮነ ፡ ኑሁ ፡ ፲ወ፪ በእመት ። ገብሩ ፡ አራተ ፡ ማዕከለ ፡ ውእቱ ፡ አምድ ፡ ዘይነብሩ ፡ ቦቱ ፡ ነደቅት ፡ ከመ ፡ ይግበሩ ፡ ቀስተ ፡ ደመና ። ወአዕረጉ ፡ ምስሌሆሙ ፡ ምቀዳሐ ፡ ማይ ፡ እንዘ ፡ ምሉዕ ፡ ውስቴታ ፡ ማይ ፡ ወአንበርዋ ፡ ለይእቲ ፡ ምቀዳሐ ፡ ማይ ፡ ዲበ ፡ አራት ፡ ከመ ፡ ይፈጽሙ ፡ ፈቃዶሙ ፡ በውእቱ ፡ ማይ ። ወተወርወተ ፡ ይእቲ ፡ ምቀዳሐ ፡ ማይ ፡ እምላዕለ ፡ አራት ፡ አምሳለ ፡ ሐፅ ፡ ወወድቀት ፡ ዲበ ፡ ምድር ።

ወኢተከዕወ ፡ ማይ ፡ ዘሀሎ ፡ ውስቴታ ፡ ወኢነትገ ፡ እምልአቱ ፡ ወኢለከፉ ፡
ምንተኒ ፡ ለ|ይእቲ ፡ ምቅዳሐ ፡ ማይ ፡ ወኢተሰበረት ። ወሶበ ፡ ርእዩ ፡ ዘንተ ፡ | 7 v° *a*
ዐቢየ ፡ ተአምረ ፡ ኵሎሙ ፡ ሰብእ ፡ እለ ፡ ነበሩ ፡ ህየ ፡ አንከሩ ፡ ወተደሙ ፡
እምዕበየ ፡ ተአምሪሁ ፡ ለሊቀ ፡ መላእክት ፡ ገብርኤል ፡ ትንብልናሁ ፡ የሀሉ ፡
መስለ ፡ ኵልነ ፡ ደቂቀ ፡ ዛቲ ፡ መቅደስ ፡ ለዓለመ ፡ ዓለም ፡ አሜን ።

ተአምሪሁ ፡ ለሊቀ ፡ መላእክት ፡ ገብርኤል ፡ ጸሎቱ ፡ ወበረከቱ ፡ የሀሉ ፡
ምስለ ፡ ኵልነ ፡ ደቂቀ ፡ ክብራ ፡ ለዓለመ ፡ ዓለም ፡ አሜን ። ስምዑ ፡ ማን
ክራቲሁ ፡ ወዕበያቲሁ ፡ ለሊቀ ፡ መላእክት ፡ ገብርኤል ፡ እለ ፡ አተበክሙ ፡
ክርስቶስ ፡ በዕፀ ፡ መስቀሉ ፡ ወአጥመቀክሙ ፡ በማይ ፡ ዘውኅዘ ፡ እ|ምገቦ | 7 v° *b*
ሁ ። ወእምድኅረ ፡ ሐነፀ ፡ ዓምደ ፡ ዘይቀውም ፡ ውስተ ፡ አፍአ ፡ ሶበ ፡ ነፍ
ሐ ፡ ዐቢይ ፡ ነፋስ ፡ ወድቀ ፡ ላዕሌሁ ፡ ዐቢይ ፡ ኦም ። ወወድቀ ፡ ውእቱ ፡
አምድ ። ወበሳኒታ ፡ ተጋብኡ ፡ ሕዝብ ፡ ወአውየው ፡ ኀበ ፡ እግዚአብሔር ፡
ወበከዩ ፡ ብካየ ፡ መሪረ ፡ እስመ ፡ መሰሎሙ ፡ ዘተነሥተ ፡ ውእቱ ፡ አምድ ።
ወኢለበው ፡ ዘይገብር ፡ ሊቀ ፡ መላእክት ፡ ገብርኤል ፡ ወእምድኅረዝ ፡ ገዘም
ዎ ፡ ለኦም ፡ ዘወድቀ ፡ ዲበ ፡ አምድ ። ወአእተቱ ፡ እምኔሁ ። አሜሃ ፡ ተን
ሥአ ፡ ውእቱ ፡ አምድ ፡ ዘወድቀ ፡ በፍጽሙ ፡ ከመ ፡ በእሲ ፡ ዘይሰግድ ፡ ወይ
ትነሣእ ፡ ወቆመ ፡ | ርቱዓ ፡ ከመ ፡ ቀዳሚ ። ወእለ ፡ ተጋብኡ ፡ ሕዝብ ፡ ር | 8 r° *a*
እዮሙ ፡ ዘንተ ፡ ተአምረ ፡ ተፈሥሑ ፡ ፈድፋደ ፡ ወተመይጠ ፡ ኃዘኖሙ ፡
ኀበ ፡ ትፍሥሕት ፡ በከመ ፡ ይቤ ፡ መዝሙር ፡ ሚጥከ ፡ ላህየ ፡ ወአስተፍሣ
ሕከኒ ። ወከመዝ ፡ ይሠውቀ ፡ ወያነሥኦ ፡ እምዳኅፅ ፡ ወእምትንታኔ ፡ ለዘአ
ስመከ ፡ ብእሲ ፡ በኃይለ ፡ ጸሎቱ ። ትንብልናሁ ፡ ወኃይለ ፡ ረድኤቱ ፡ ለሊ
ቀ ፡ መላእክት ፡ ገብርኤ[ል] ፡ የሀሉ ፡ ምስለ ፡ ኵልነ ፡ ዘናፈቅሮ ፡ ለዓለመ ፡
ዓለም ።

ተአምሪሁ ፡ ለሊቀ ፡ መላእክት ፡ ገብርኤል ፡ ጸሎቱ ፡ ወበረከቱ ፡ የሀሉ ፡
ምስሌነ ፡ ለዓለመ ፡ ዓለም ። ወእንዘ ፡ የሐንፁ ፡ | ማኅደሮ ፡ ለሊቀ ፡ መላእክ | 8 r° *b*
ት ፡ ገብርኤል ፡ ሖረ ፡ አሐዱ ፡ ላዕክ ፡ ቤተ ፡ ክርስቲያን ፡ ኀበ ፡ ምሥያጥ ፡
እኂዞ ፡ ወርቀ ፡ በከመ ፡ ልማዱ ። ወተሰነዓወ ፡ ምስለ ፡ መወልጣን ፡ በዒው ፡
ወወሀብዎ ፡ ዒወ ፡ ወወሰዱ ፡ ወርቀ ፡ እሙንቱ ፡ መወልጣን ። ወእምድኅረዝ ፡
ይቤሎ ፡ ውእቱ ፡ ላዕክ ፡ ቤተ ፡ ክርስቲያን ፡ ለ፩እምእሉ ፡ ዕቀብ ፡ ዘንተ ፡

ፄወ ፡ ወኢትወልጥ ፡ እስመዝ ፡ ፄወ ፡ ዘሊቀ ፡ መላእክት ፡ ገብርኤል ፡ ውእ
ቱ ። እስከ ፡ እትመየጥ ፡ ኀቤከ ፡ ፈወምየ ፡ ዘተርፈ ፡ ተግባርየ ። ወዘንተ ፡
ብሂሎ ፡ ሖረ ፡ ውእቱ ፡ ላዕከ ፡ ቤተ ፡ ክርስቲያን ፡ ኀበ ፡ ካልዕ ፡ መወልጥ ፡
| 8 v° a ከመ ፡ ይንሣእ ፡ ፄወ ፡ በወርቅ ፡ | ወእንበለ ፡ ይሑር ፡ አኃተ ፡ ምዕራፈ ፡ ወ
ለጠ ፡ ፄወ ፡ በፄወ ፡ ውእቱ ፡ መወልጥ ፡ ሥሉዓ ፡ ክርሥ ። ወኢተዘከረ ፡ ዘአ
ማኅፀኖ ፡ ቀዳሚ ፡ ላዕከ ፡ ቤተ ፡ ክርስቲያን ። ወሶበ ፡ ፈጸመ ፡ ተግባሮ ፡ መ
ጽአ ፡ ውእቱ ፡ ላዕከ ፡ ቤተ ፡ ክርስቲያን ፡ ወአእመረ ፡ ከመ ፡ ተወለጠ ፡ ፄ
ወ ። ወይቤሎ ፡ ለመወልጥ ፡ ለምንት ፡ ገበርከ ፡ ከመዝ ፡ ዘወለጥከ ፡ ፄወ ፡
ዘውእቱ ፡ ንዋዩ ፡ ለሊቀ ፡ መላእክት ፡ ገብርኤል ፡ ወይቤ ፡ ውእቱ ፡ ሠራቂ ፡
ፄው ፡ ዳኅን ፡ አነ ። ወመሐለ ፡ በስሙ ፡ ለሊቀ ፡ መላእክት ፡ ገብርኤል ፡ ወእ
ምድኅረዝ ፡ አተወ ፡ ላዕከ ፡ ቤተ ፡ ክርስቲያን ፡ ብሔሮ ። ወበካልዕት ፡ ዕለት ፡
| 8 v° b | እንዘ ፡ ያሬእዮ ፡ ለቢጹ ፡ ውእተ ፡ ወርቀ ፡ ዝኩ ፡ መወልጥ ፡ መጽአ ፡ ን
ስር ፡ ወመሠጠ ፡ ወርቀ ፡ እምእደ ፡ ዝኩ ፡ መወልጥ ። አሚሃ ፡ ደንገፀ ፡ ዝ
ኩ ፡ መወልጥ ፡ ወአእመረ ፡ ከመ ፡ ዝንቱ ፡ ኮነ ፡ እምዕበየ ፡ ኃይሉ ፡ ለሊቀ ፡
መላእክት ፡ ገብርኤል ፡ ወእምድኅረ ፡ ክልኤ ፡ ሰሙን ፡ ሶበ ፡ ረከባ ፡ መወ
ልጥ ፡ ለላዕከ ፡ ቤተ ፡ ክርስቲያን ፡ ነገሮ ፡ ከመ ፡ ወለጠ ፡ ፄወ ፡ በፄው ፡ ቀ
ዳሚ ፡ ወከመ ፡ ወሰደ ፡ ንስር ፡ ዝከ ፡ ወርቀ ፡ እምእዴሁ ። ወሰሚዖ ፡ ዘንተ ፡
ተአምረ ፡ ውእቱ ፡ ላዕከ ፡ ቤተ ፡ ክርስቲያን ፡ ነገሮሙ ፡ ለአኃው ። ወኵሎሙ ፡
| 9 r° a እለ ፡ ሰምዑ ፡ አንከሩ ። ትንብልና|ሁ ፡ ለሊቀ ፡ መላእክት ፡ ገብርኤል ፡ የሀ
ሉ ፡ ምስለ ፡ ኵልነ ፡ ደቂቀ ፡ ዛቲ ፡ መቅደስ ፡ ለዓለመ ፡ ዓለም ፡ አሚን ፡

ተአምሪሁ ፡ ለሊቀ ፡ መላእክት ፡ ገብርኤል ፡ ጸሎቱ ፡ ወበረከቱ ፡ የሁሉ ፡
[[1]] ለዓለመ ፡ ዓለም ፡ አሚን ። ወሀሎ ፡ ፩ ሐናፂ ፡ እምነ ፡ ሐናጽያን ፡ እ
ለ ፡ የሐንጹ ፡ ማኅደሮ ፡ ለሊቀ ፡ መላእክት ፡ ገብርኤል ፡ ዘይቀውም ፡ ቀ
ድመ ፡ እግዚአብሔር ፡ በከመ ፡ ይቤ ፡ ለሊሁ ፡ በወንጌለ ፡ ሉቃስ ፡ አነ ፡ ው
እቱ ፡ ዘእቀውም ፡ ቅድመ ፡ እግዚአብሔር ። ወአሐተ ፡ ዕለተ ፡ እምዕለታት ፡
| 9 r° b እንዘ ፡ የሐንፅ ፡ ውእቱ ፡ ሐናፂ ፡ ዘበጠ ፡ ምዕረ ፡ ብረኪሁ ፡ በማኅፄ ። | እ
ስከ ፡ ተሰምዓ ፡ ድምፁ ፡ እምርኁቅ ። ወእለ ፡ ሰምዑ ፡ ዘንተ ፡ ተበሀሉ ፡ ወ
ድቀኑ ፡ ብእሲ ፡ እምላዕለ ፡ ቤተ ፡ ክተ ፡ ክርስቲያን ። ወእምድኅረዝ ፡ ተጋ

[1] Blanc.

ብሎ ፡ እምብዝኃ ፡ ድንጋጼ ፡ ከመ ፡ ይርአዩ ፡ ዘኮነ ። ወረከብዎ ፡ ለውእቱ ፡ ሐናፂ ፡ እንዘ ፡ ኢይለክፎ ፡ ምንተኒ ፡ ወኢተሰብረ ፡ አጽሙ ፡ ወኢውኅዘ ፡ ደም ፡ እምኔሁ ። ወነበረ ፡ ሠሉሰ ፡ ዕለተ ፡ አሠረ ፡ ማኅፄ ፡ ውስተ ፡ ብረኪሁ ፡ እንዘ ፡ አልቦ ፡ ቍስል ፡ ወኢሕማም ። ወዝንቱ ፡ ኵሉ ፡ ኮነ ፡ እምዕበየ ፡ ተአምሪሁ ፡ ለሊቀ ፡ መላእክት ፡ ገብርኤል ፡ ትንብልናሁ ፡ የሀሉ ፡ ምስለ ፡ ኵልነ ፡ ዘናፈቅሮ ፡ ለዓለመ ፡ ዓለም ፡ አሜን ።

| ተአምሪሁ ፡ ለሊቀ ፡ መላእክት ፡ ገብርኤል ፡ ጸሎቱ ፡ ወበረከቱ ፡ የሀሉ ፡ | 9 v° *a* ምስሌነ ፡ [1] ለዓለመ ፡ ዓለም ፡ አሜን ። ንነግርኬ ፡ በቀድመ ፡ ኵሉ ፡ ሕዝብ ፡ ጽድቀ ፡ ተአምራቲሁ ፡ ወመንክራቲሁ ፡ ለሊቀ ፡ መላእክት ፡ ገብርኤል ፡ እንዘ ፡ ይስዕሉ ፡ ሥዕሎ ፡ እምድኅረ ፡ ኀልቀ ፡ ሕንፃ ፡ ቤተ ፡ ክርስቲያኑ ፡ ለሊቀ ፡ መላእክት ፡ ገብርኤል ፡ በወርኃ ፡ መንግሥቱ ፡ ለንጉሠ ፡ ኢያሱ ፡ ነቢሮሙ ፡ መልዕልተ ፡ አራት ፡ ነዊህ ፡ ሠዓልያነ ፡ ሥዕል ። እንተ ፡ ነበረት ፡ ምስሌሆሙ ፡ አንቲ ፡ ጽዋዕ ፡ እንዘቦ ፡ ውስቴታ ፡ ቀለም ፡ ይስእሉ ፡ ቦቱ ፡ ሥዕሎ ፡ ለሊቀ ፡ መላእክ|ት ፡ ገብርኤል ፡ አምሠጠት ፡ እምእደሆሙ ፡ ለእ | 9 v° *b* ሙንቱ ፡ ሠዓልያነ ፡ ሥዕል ፡ ወወድቀት ፡ ዲበ ፡ ምድር ። ወኢተሰብረት ፡ ይእቲ ፡ ጽዋዕ ፡ ወኢተክዕወ ፡ ቀለም ፡ ዘቦ ፡ ውስቴታ ፡ አላ ፡ ተረክበ ፡ ውእቱ ፡ ቀለም ፡ ምሉዓ ፡ ከመ ፡ ቀዳሚ ፡ ወእለ ፡ ርእዩ ፡ ዘንተ ፡ ተአምረ ፡ አንበርዋ ፡ ለይእቲ ፡ ጽዋዕ ፡ ውስተ ፡ መስኮት ፡ ከመ ፡ ትኩን ፡ ትእምርተ ፡ ለአዘክሮ ፡ ዕበዩ ፡ ለሊቀ ፡ መላእክት ፡ ገብርኤል ፡ ለዘይመጽእ ፡ ትውልድ ። እምይእዜ ፡ ወእስከ ፡ ለዓለም ። ጸሎቱ ፡ ወኃብተ ፡ ረድኤቱ ፡ የሀሉ ፡ ምስለ ፡ ኵልነ ፡ ደቂቀ ፡ ክብራ ፡ ለዓለመ ፡ ዓላም ፡ አሜን ።

[1] Blanc.

TABLE DES MATIÈRES